「敵対型文明」と「温和型文明」

ほとんど唯一の非抗争的文明である日本

目次

はじめに

本書は日本文明論、比較文明論の書である。このジャンルは大きな分野であり、出版されている書籍も何百、何千にも達しているであろう。それにもかかわらず、なぜこの手の本を出そうというのか。簡単に言えば、私が今までの日本文明論、比較文明論に満足していないからである。

この書の最大の特徴は日本文明を「温和型文明」とし、ユーラシア大陸の文明を「敵対型文明」と見なすことである。その鍵となるのは、目次を見ていただければ分かるであろうが、異例とも思える戦争・戦略（第2章）や議論法（第3章）を文明分析の中心としている、ことである。見方によっては、これらは文明論の対象ではない、文化とは認められない、と批判があるかもしれない。だが、国柄や生活圏柄を特徴づけるのは、経済や文化だけではない。軍事や政治もそうである。だとすれば、それらを考察の対象にすべきである。ともかくも戦争・戦略や議論法が文明を分ける最も大きな要素なのである。

文明と文化の違いでは、十九世紀後半からいろいろ議論されてきた。それらの議論は尊重されるべきだが、ここではそれらを考慮の外とし、次のように考える。すなわち、文明とは①経済、産業技術、②政治、軍事、③文化、宗教の三層構造の総体であり、それは各文明に共通する。文化は一文明内の三層の中の上層③に位置する活動領域であり、学問、思想、芸術、スポーツ、教育などの領域である。

本書での比較は主として、日本文明とユーラシア大陸文明との比較、さらに言えば西洋文明との比較としている。場合によっては中近東やインドや中国にも言及する。このように主として西洋対日本の比較をするのに反対する向きもある。それについてはこう考える。日本は温和型文明の代表であり、今のところ温和型文明は日本以外にはないようである。したがって温和型文明と敵対型文明との比較では、日本型文明と敵対型文明のどれかとの比較ということになる。その中では、西洋文明との比較が、日本文明の性格をいっそう明瞭にする、際立たせるからである。

ここで、現在までの日本文明論・文化論の主要な流れを整理しておきたい。日本文明論・文化論のアプローチの仕方は大別二つに分けられる。一つは現象論的アプローチである。もう一つは風土論的アプローチである。前者は現象の一側面のみに焦点を当てるもので、それを際立たせる外因については考慮を払わない。後者の風土論的アプローチは、日本文明を決定づけているのは圧倒的に風土である、との認識に立つものである。

1. 現象論的アプローチ

戦後は大きな意味での、「風土論」的発想から解き放されて、まったく別の観点からの、しかも独創的な理論が出てきた。外形的分析に対する、社会心理や社会行動などの内的分析に立つ理論と言えようか。成立順に、①ルース・ベネディクトの「恥の文化論」、②中根千枝の「タテ社会論」、③イザヤ・ベンダサンの「日本教論」、④土居健郎の「甘えの文化論」である。それに従来からある集団主義論がある。

①恥の文化論

アメリカは太平洋戦争時、敵を知る一環として、日本文化を研究し始める。具体的には文化人類学者のルース・ベネディクトに日本文化研究を依頼したのである。日本人捕虜にヒヤリングなどして、できあがったのが『菊と刀』(1946)である。こうして研究対象地に一歩も足を踏み入れずとも、対象文化を解き明かす新理論を出したのである。「罪の文化」に対する「恥の文化」、「個人主義」に対する「集団主義」がその骨子である。かくして相手国文化論でも、アメリカは勝利し(成果を上げ)、日本は敗れた(成果ゼロ)のであった。

②タテ社会論

中根千枝が『タテ社会の人間関係』（1967）を出版して、一躍有名になった。上下関係の意識、場における集団意識、エモーショナルな全面的参加などをキーに分析し、日本の集団を「タテ社会」と見なす。

③日本教論

イザヤ・ベンダサンが『日本人とユダヤ人』（1970）を出してから、一躍脚光を浴びるようになった。キリスト教の教義、救済儀礼、神義論に対して、日本人の行動を当て嵌《は》めていき、日本人独特の行動を「日本教」と定式化した。

④集団主義論

西洋社会の個人主義に対して、日本の集団主義を対置する。経営学的研究が主であるが、社会心理学的研究もこれに入る。前者については、濱口惠俊、公文俊平編『日本的集団主義』（1982）が代表であり、後者では、山岸俊男『心でっかちな日本人』（2002）、高野陽太郎『「集団主義」という錯覚』（2008）が代表である。ただ、後者については問題があり、第4章第1節参照。

④' 間人主義論

集団主義論の変種として、「間人主義論」がある。これは和辻倫理学にヒントを得て、日本人における人と人との間に、特殊な意義を見出そうというものであり、濱口惠俊『「日本らしさ」の再発見』（1977）が代表的なものである。

④'' 凹型（女性型）文明論

集団主義論の変種として、西洋文明を「凸型（男性型）文明」とし、日本文明を「凹型（女性型）文明」として捉える。中身的には温和型文明論に近いが、なぜそうなるのかの原因論（風土論）がない。代表的文献としては次がある。すなわち、河合隼雄『母性社会日本の病理』（1976）、岡本幸治『凸型西洋文化の死角』（1986）、芳賀綏『日本人らしさの構造』(2004)である。

④''' 人間関係社会論

集団主義論の変種として、「人間関係社会論」がある。これは、西洋の「原則関係社会」に対して、日本を「人間関係社会」と見るものである。グレゴリー・クラーク『日本人・ユニークさの源泉』（1977）が代表である。黒井英雄『「群れ」の文化と「個」の確立』（2012）もこれに入る。これらの人間関係社会論には風土論の要素も入っているので、2風土論的アプローチにカウントする場合は、温和型文明論の変種ということになる。

2. 風土論的アプローチ

①地理的文明論

この風土論的アプローチにもさまざまなタイプがある。一つは地理的文明論である。これにもさまざまなヴァリエイションがある。ⅰ一つは自然的環境がそのまま文明論を形成する、と見なす立場である。典型的なのは森林文明論と照葉樹林文明論である。

このうち、気候、地質、植物生態に注目したのが、①狭い意味の「風土論」である。和辻哲郎『風土』(1935)、鈴木秀夫『森林の思考・砂漠の思考』(1978)、松本健一『砂の文明・石の文明・泥の文明』(2003)などが主立ったところである。ここに日本文明は「モンスーン型」であり、「森林の文化」であり、「泥の文化」と捉えられる。「針葉樹林文化論」や大石久和『国土が日本人の謎を解く』(2015)もこの種のものと言えよう。

ⅱ二つ目の地理的文明論は、大陸ではなく島国であることがその文明を決めている、と見なす「島国文明論」である。代表的な文献は篠田雄次郎『島国と日本人』(1979)である。

ⅲ三つ目の地理的文明論は、単なる島国ではなく、大陸文明から遠く離れた島国であることが文明の特異性を決定する、とする。「雑種文明論」と「辺境文明論」が代表的なものである。雑種文明論の代表は加藤周一『雑種文化』(1956)である。辺境文明論の代表は、梅棹忠夫「文明の生態史観序説」(1957、後に『文明の生態史観』1967)と内田樹『日本辺境論』(2009)である。梅棹の日本文明論に関してのポイントは、近代化の要素がヨーロッパと同様にあるということと、文化的劣等感があることであるが、内田は後者のみを採り上げて、文化的劣等感から学習能力の大であることを強調した。

②産業的文明論

風土論的アプローチの中の他のタイプは産業的文明論である。これにもさまざまなヴァリエーションがある。

i 一つは農耕文明論である。植物生態のうち、主食の食物を生産する産業や生活に特徴を見出したのが、「農耕文明論」である。文献としては、渡部昇一『日本そして日本人』(1980)、杉山徹宗『稲作民外交と遊牧民外交』(2004)などである。ここに日本文化は「騎馬型国家」に対する「農耕型国家」であったり、「遊牧民」に対する「稲作民」であったりする。

ii 二つ目は米食文明論である。農耕文明論の変種が米食文明論である。農耕文明論は産業としての農耕に着目するが、米食文明論は麦食ではなく米食であることに着目し、その産業論、文化論に及ぶ。代表的なものに、鯖田豊之『肉食の思想』(1966)と筑波常治『米食・肉食の文明』(1969)がある。

③外的非抗争的文明論（温和型文明論）

風土論的アプローチの三つ目のタイプは、戦争と外敵対応の仕方が文明を分ける、とするものである。辺境を強調することは辺境文明論と同じであるが、それがゆえに大陸の武力抗争の流れから免れて、世界で唯一とも言える、「非抗争的文明」を築いた、とするものである。それをどう表現するかは論者によってまちまちであるが、例えば次のごとしである。

すなわち、「力による支配」に対する「徳による支配」（木村尚三郎『西欧文明の原像』1974）、「要塞文明」に対する「無常感文明」、「堅固な自我（の文明）」に対する「はかなさ（の文明）」（中山治『戦略思考ができない日本人』2001）、「好戦的な民族」に対する「平和的な民族」（日下公人『戦争が嫌いな人のための戦争学』2002）、「敵を作る文明」に対する「和をなす文明」（川勝平太、安田喜憲『敵を作る文明・和をなす文明』2003）、「力と闘争の文明」に対する「美と慈悲の文明」（安田喜憲『一神教の闇』2006）、「肉食スピリッツ」に対する「草食スピリッツ」（中山治『「草食スピリッツ」の日本人』2009）である。

本書の立場

さて、上記を受けて、いよいよ本書の立場を説明するときにきた。本書は上記の日本文明論の立場では、風土論的アプローチの中、最後の③外的非抗争的文明論（温和型文明論）の一種である。現象論的アプローチの中では、③日本教論、④''凹型（女性型）文明論、④'''人間関係社会論、とは親和性が

表1　本書の構成

	領　域	章の題	敵対型文明	温和型文明
			西洋、中近東、インド、中国	日本
第2章	戦争ありの場合	戦略と非戦略	戦略型文明	非戦略型文明
第3章	戦争なしの場合	議論と非議論	議論型文明	非議論型文明
第4章	世俗の世界	「原則」と「人間」	原則関係社会	人間関係社会
第5章	聖なる世界	一神教と日本教	一神教、多神教	日本教

ある。

本書では、今まで世界の文明を「敵対型文明」と「温和型文明」とに分けて、ユーラシア大陸の文明は敵対型文明であり、日本の文明は温和型文明である、としている。そして軍事面（第2章）では、前者が「戦略型」であり、後者が「非戦略型」である。議論面（第3章）では、前者が「議論型」であり、後者が「非議論型」である。社会面（第4章）では、前者は「原則関係社会」であり、後者は「人間関係社会」である。宗教面（第5章）では、前者は「一神教」あるいは多神教であり、後者は「日本教」である。

第2章から第5章への配置はバラバラの関係ではなく、第2章と第3章はいわば現象論であり、第4章と第5章はその原因論、根源論ということである。第2章（戦略と非戦略）と第3章（議論と非議論）との関係は、戦争がある場合は第2章となるし、戦争がない場合は第3章となる、という関係である。第4章（原則と人間）と第5章（一神教と日本教）との関係は、世俗の世界（第4章）と聖なる世界（第5章）の関係となる。

第2章から第5章への全体の流れは、最も華々しく印象的なもの

（戦争や議論）から、その元を探っていって、最も深層の宗教面に辿り着く流れ、方向になっている。文明を説明する方法としては、最も深層の宗教面から初めて、だんだんとより具体的な、華々しく現象的なものへ、と進めて行くのが正統かもしれないが、本書の記述は敢えて逆の方向としている。

ともあれ、各文明ごとに言えば、ユーラシア大陸の文明とは、①軍事面では戦略型であり、②議論面では議論型であり、③社会面では原則関係型であり、④宗教面では一神教、その他であった。それに対して日本の文明は、①軍事面では非戦略型であり、②議論面では非議論型であり、③社会では人間関係社会であり、④宗教面では日本教であった。

第１章　風土と文明

第1節　一般的な風土

風土論の成立

世界各地の文明を比較し理論として出てくるのは、大航海時代を経験した西洋文明においてであった。それまでも二大陸、三大陸を旅行し、他大陸見聞記を残すことはあった。しかし、それはあくまで私的な見聞記に留まっていた。西洋の啓蒙思想全盛のとき、各地に赴いた西洋の探検家や宣教師の報告書などをベースに、文明についての理論が形成される。

西洋の啓蒙思想期において、他地域の「野蛮」「未開」に対して、西洋の「文明」を対置し、自らの文明の優位の自覚と措定を行う。ここから進歩史観が発生する。これは、進歩することは良いことだ、現在が最も進歩しているとし、発展史観⇩法則史観⇩革命史観⇩左翼思想へと発展していく。

こうした中で、この風土論分野での最大の理論家はシャルル・ド・モンテスキューであろう。彼の『法の精神』（1748）は風土論、比較文明論、社会学の先駆とされている。その後、環境決定論と目されるフリードリッヒ・ラッツェルの『人類地理学』（1882）や環境可能論とされるポール・ブラーシュの『人文地理学原理』（1922）が続いている。

牧畜型文明と農耕型文明

風土のうち、気候、土壌、産業、主食などに注目して、文明を分類する方法が日本の和辻哲郎によって確立した。その代表作が『風土』である。これによると、文明には三つのタイプがあり、一つは①牧場型であり、その地域は西洋であり、特色は湿潤と乾燥との総合、夏は乾燥期、冬は雨期である。二つ目は②砂漠型であり、その地域はアラビア、北アフリカ、蒙古であり、特色は乾燥である。三つ目は③モンスーン型であり、その地域は東南アジア、中国、日本であり、特色は湿潤、暑熱、湿気との結合である。

これにヒントを得た後の研究も多い。例えば、荒木博之の「牧畜民的基層文化」と「農耕民的基層文化」（『日本人の行動様式』）、渡部昇一の「騎馬型国家」と「農耕型国家」（『正義の時代』）、中尾佐助の「硬葉樹林文化」と「照葉樹林文化」（『現代文明ふたつの源流』）、松本健一の「石の文明」「砂の文明」「泥の文明」（『砂の文明・石の文明・泥の文明』）、「遊牧民（文明）」と「稲作民（文明）」（杉山徹宗『稲作民外交と遊牧民外交』）がある。

牧場型文明

和辻の言う牧場型文明をまとめてみると、次のとおりである。①気候は湿潤と乾燥の総合である。夏は乾燥、冬は湿潤である。その気候のために、牧場では夏に雑草が生えず、冬草が主となる。したがって、雑草との格闘は不要となる。他方で、大雨、洪水、暴風といった自然の暴威がない。自然は従順そのものである。②人間への影響としては、人間が従順な自然を統御しようとする。自然を観察し、統御するための原理を見つけ出そうとし、法則性を探り出す。それを利用すれば、土地はさらに従順になる。それが別の法則性を探究する契機となる。つまり合理性が発達し、自然科学が進展する。③社会への影響としては、人と人の結びつきは部族となり、ポリスが日本の「うち」に相当する。ここから個人主義を基礎にした社交的な人間関係が生まれる。

モンスーン型文明

和辻の言うモンスーン型文明を同様にまとめてみる。①気候は湿潤と暑熱との総合である。まず、A湿潤については、これによって草木は繁栄し、動物が繁殖する。自然の恵みの面がある。他方、B暑熱と結合した湿潤は大雨や暴風、洪水となって人に襲いかかる。②人間への影響としては、Aについては、暑さよりも防ぎがたく、耐えがたいものの、自然への対抗を呼び覚まさない。Bについて、その脅威が強大過ぎて、人は自然に対抗することを断念し、忍従することに甘んじる。ここから受容的、忍従的性格が形成される。③人と人の結びつきは家である。④モンスーン型には、インド型、中国型、日本型などがある。

日本型農耕文明

モンスーン型文明の中の日本型は、熱帯的であると同時に寒帯的という地政学的ポジションにある。活発敏感であるがゆえに、疲れやすく、持久性を持たない。季節的、突発的、台風一過があることから、忍耐力が形成される。

日本型農耕社会の特徴として、渡部昇一は次のように指摘する。すなわち、①米作りは生産性が高いがゆえに、土地に執着することになる。②米作りのために、定住することになるので、安心感が生ずる。言挙げせずとなる。人徳が生じる。③米作りには能力の差は重要ではない。そこから平等感が生まれ、嫉妬が生じ、出しゃばらずが定着する。見栄が生まれる。④コメ作りには協同作業が要となる。そこから和が生まれ、違反者には村八分の制度が生まれる。⑤コメ作りは天候、自然に左右される。したがって、諦めが生じる（『正義の時代』『日本そして日本人』）。

第２節　戦争の風土

戦争という風土

文明論の中の風土論では、気候としての風土論（乾燥、湿潤、など）、土壌と植物生態としての風土論（牧草、砂漠、泥、など）、主たる産業としての風土論（牧畜、農耕、など）、住居としての風土論（石の家、木の家、など）、食生活としての風土論（肉食、米食、など）が盛んであるが、そのほかにも重要な風土論がある。

それは戦争が多いか少ないか、敵から攻められたり、敵を攻めたり、することが常にあるのか、ないのか、戦争のための備えを常に行っているか、いないか、ということである。これは歴とした風土である。このことに着目した数少ない文明論の先駆者に鯖田豊之がいた（『戦争と人間の風土』）。

この頃ようやくこういった面に着目して文明論を展開する論者も幾人かは現れた。例えば、「要塞文明」と「無常感文明」の中山治（『戦略思考ができない日本人』）、「好戦的な民族」と「平和的な民族」の日下公人（『戦争が嫌いな人のための戦争学』）、「敵を作る文明」と「和をなす文明」の川勝平太、安田喜憲（『敵を作る文明・和をなす文明』）、「力と闘争の文明」と「美と慈悲の文明」の安田喜憲（『一神教の闇』）などである。ここで前者は大陸文明、後者は日本文明の姿である。

戦争が多いか、少ないか、敵から攻められたり、敵を攻めたりすることが常にあるか、戦争のための備えを常に行っているか、について明確になっていることは、ユーラシア大陸にいた民族や文明ではイエスであり、そうでないところはノーということである。西洋、中近東、インド、中国みなイエスであり、日本はそうではない。

西洋は戦争の連続であった

西洋では、と言うよりユーラシア大陸では、有史以来今日まで戦争が続いてきた。もちろん平和なときもあるが、それはそう長く続くものではない。なによりもユーラシア大陸においては、陸続きなので、異民族が常に互いに接触、交錯し、あるときはA民族が強くなって、他のときはB民族が強くなって、回りの民族に戦いを挑み、それを退けて、属国とし、あるいは滅ばしてしまう。ある民族、ある国家から見れば、常に外敵からいつ攻め込まれるか分からない、緊張状態にあるのである。それは戦争が常態化している、一つの風土と言ってよい。それに対して戦争はほとんどない風土のところもある。その一つは日本である。

西洋に関して言えば、他民族との攻防では、フン族（４世紀）、サラセン人（８世紀）、マジャール人（10世紀）、モンゴル人（13世紀）、（オスマン）トルコ人（14世紀）、と攻められ続けてきた。だいたい敵は東、アジアからであった。同じ西洋内においても、イギリスにおいては、元からいたブリトン人に対して、ローマ人（１世紀）、アングロ・サクソン人（５世紀）、デーン人（９から11世紀まで）、ノルマン人（11世紀）が次から次へやってきては先住民と戦いとなった。西洋においては、戦争は何も異民族との間だけではない。国内あるいは文明内においても、領主と領主の間、領主と農民の間などで絶えざる争いが繰り返されてきた。

戦争が多い理由

ユーラシア大陸の太古から中世までで、戦争が多い理由を考える。①ユーラシア大陸の自然的性質から、民族間の移動が容易なこと、移動を遮るような自然または人為的な障害が少ないこと、②太古から中世までは、労働生産性が低いゆえに、みずから生産するよりも、相手のものを略奪しようとすること、③異民族との接触、衝突ゆえに、人間の本能的戦いとなって、異民族の生死、支配・被支配をかけて戦うということ（この中には民族の戦闘好きということも含まれる）、④ある程度の文明度に達すると、人間の意図的戦いとなって、領土拡大のために、文明拡大のために、覇権確立のために、戦うことなどが挙げられる。

①民族間の移動が容易なことについて。ユーラシア大陸東部においては、南北間ではヒマラヤ山脈があって南北の行き来は困難であるが、東西に移動するに大きな障害もなく、生産性の低い太古から近世初頭まで、多くの民族がよりよい生活地を求めて、西洋、中近東、インド、中国などに殺到した。そうすると先住民と新しく来た民とで戦争となる。上記の①、②、③は常に満たされて、戦争の連続となるのである。

②生産性が低いときの略奪ということについて。略奪によって勢力範囲を広げていった格好の例はローマ帝国であろう。略奪のために軍隊を送るために、最前線の軍隊に補給するために、略奪によって得た富をローマへ送るために、道路を整える。そして最前線に補給することが物理的に困難なところで拡大は止まる。略奪国家であるローマ帝国の支配者の理論は、「お前は死ね。自分はお前のものを取って生きる」であった。つまりは「他者排除による自己生存」の原則なのだ（会田雄次『合理主義』）。

西ローマ帝国の後に諸国家を打ち立てたゲルマン人においても同様であった。西ローマ帝国やゲルマン人の国家において、他のユーラシア地域に比して、土地の生産性は極端に低かった。こういうところでは、汗水垂らして生産するよりも、他人の所有する生産物を略奪する方が効率がよいのだ。略奪が一番簡単で、一番豊かな生活を約束する方法なのである。

略奪目的の戦争の構造

そうなると、戦争そのものが略奪目的に行われる。生産性が低いわけであるから、財産すなわち食料やその他生産物や金銀財宝を増やすには、戦争によるそれらの獲得が一番手っ取り早いわけである。前の戦争によって奪われた財産を取り戻すためとか、他国の豊かな財産を狙って、戦争を起こすわけである。戦争に勝てば、戦利品とか、略奪品とかを得ることになる。ここに戦利品は相手から自主的に差し出されたものであり、略奪品とは相手の意志にかかわらず一方的に武力によって獲得するものである。

これを証するものとして、敵の大将を捕まえた場合、彼を殺すことをせず、相手側と保釈金の交渉を行い、成立と同時に大将を保釈し、莫大な保釈金を獲得する、ということがある。これは戦争そのものが財産獲得のためである、もっと言えば略奪のためである、ことを傍証するものである。

略奪文明の構造を分析してみる。他者、他民族の富、財産を略奪するために、①他者、他民族と戦争つまり殺し合いをする。②勝った方が負けた方の富、財産を略奪し、相手の民家、公共建物などを破壊する。③勝った方が負けた方の生き残った者を奴隷とする。

略奪するものとしては、①富裕財（金銀財宝）、②生活財（食料、生活道具）、③人間女性の肉体（強姦、レープ）があり、最大の目標は食料であった、と思われる。その他には、古代、中世では考えられなかったことだが、近世になってから問題となったのは④文化財であって、それは今日においては「略奪された文化財の帰属問題」が生じている。奴隷に関しては、①奴隷売買、②奴隷労働、③

奴隷制社会といった問題がある。

城塞都市の構造

常時戦いがあり、いつ敵方からの攻撃や略奪があるかもしれない、弱肉強食、優勝劣敗の世界では、その民族、国民、住民はどう対応すべきであろうか。それには、いつ敵に攻められてもよいように、住民を内部に住まわせ、回りを城壁で囲う城塞を築くことが主流になる。このような城塞都市による防衛体制が常時戦争、常時略奪への基本的対策なのであった。それは技術の発達で大砲が威力を発揮し出した中世末期まで有効な体制であった。こういう文明は城塞都市にちなんで、「要塞文明」と言うのが相応しい。武力により社会を防衛することを第一とする文明という意味である。

ユーラシア大陸での文明の中の城塞都市の例としては、インド文明のモヘンジョダロ、ハラッパ、中近東文明のバビロン、ペルセポリス、エルサレム、ギリシア文明のクノッソス、トロヤ、ミケーネ、アテネ、ローマ文明のローマ、コンスタンチノープル、中近東文明のバグダード、中国文明の洛陽、長安、南京、杭州などを挙げることができる。

西洋の城塞都市を挙げよとなれば、中世以来の都市はほとんどが城塞都市であった。フランスではカルカッソンヌ、アヴィニョン、パリなどであり、ドイツではトリーア、ケルン、ミュンヘン、アウクスブルク、ニュールンベルク、ライプツィッヒ、ミュールハウゼン、リューベック、ヴィッテンベルク、ローテンブルク、ディンケルスビュール、ベルリンなどであり、イギリスではロンドン、カンタベリー、チェスターなどである。

西洋の都市の構造は次のようになっていた。城壁と堀が都市を囲っていた。地形によっては堀がないこともあった。城壁と堀によって、敵の攻撃を防ぎ、城主と堀の中の人間を守ったのである。城壁と堀は城壁内の者を守る防衛ラインであった。

城壁と堀の中に入る者は平常時では、①都市によっては城主と家族と家臣、②城壁内に居を構える都市の住人、主として商人と手工業者であり、③さらに戦時には城塞近辺に住む農民たちであった。④その他に都市によっては傭兵であった。その中で武器を持って戦う者は城壁の中にいる戦闘能力のある成人男子であり、老人、子供、女性、居留民、異邦人、非自由人は該当外であった。都市とは傭兵を含めて「戦士の共同体」であった。武器は都市内にある武器庫にあり、いざ駆けつける近辺農民も自宅などから持ってくることもあった。

日常生活での防衛体制

そのような防衛体制は、貴族から庶民に至るまでの生活ぶりにも表れている。家のドアは外から開けられないように、内側に開けるようになっている。ドアには覗き穴があって、そこから訪問者を確認する。家の中では、いざ戦闘となってもすぐ対応できるように、靴をはいたままである。食事のときも、玄関が見える方向にテーブルに腰掛ける。夜寝るときも、いつ何時敵がせめてきても応戦できるように、半ば起き上がった状態で寝ている。

戦争観・平和観

これまでは、物理的な面での防衛体制を見てきたが、これからは精神的な面での防衛体制を見ていこう。まずは、戦争観・平和観である。要塞文明に馴染みのない文明での戦争観・平和観では、戦争は避けるべきもの、平和は望ましいもので、戦争は短く、平和は長いことを望むし、戦争と平和は別物と考えるのが一般だが、要塞文明ではそれらとはまさに正反対の考えを持っている。

彼等とて平和であることには文句を言わないが、それを維持するためには、平和なうちから、来たるべき戦争に備える態度が必要、との考えに徹している。極端に言えば、戦争と平和は連続している、と考える。戦争が常態であって、平和が異常なのである。だからこそ、平和の間に次の戦争が発生しないように対策を打つとか、いざ戦争が起こった場合に即対処できるように、万端怠りなく備えるのである。もっと言えば、平和な時代にこそ、次の戦争が起った場合に、自軍が勝てるように、日々対策を練る期間だ、と心得ているのである。

さらには、平和時の外交は武器を交えない、言葉とか胆力とか策略とかでの戦い、と彼等は考えている。外交とは「テーブル上の戦争だ」との言は、ナポレオン帝国の外相シャルル・タレーランの言葉だが、これは全西洋人に共通の考え方であるようだ。

そのようなことは何も社会のリーダーたる人たちだけのものではない。住民一人ひとりが何よりも第一に防衛精神に目覚めている。自分たちの置かれた環境が要塞文明のそれである、そのことを知り尽くしている。防衛を第一にしないことには社会が成り立たないことを、一人ひとりが深く認識している。だからこそ、いざ戦争となった場合には、徴兵制が敷かれていない中世や近世にあっても、住民は進んで兵士となり、都市を、農村を、社会を、守ったのである。

このようなことは平和ボケした日本人には思い知ることはできない。西洋駐在員になった新聞人、企業人、それに西洋人と結婚などして、西洋に居住している人間などの報告記事、著書から分かるのみである。

戦争多い世界は弱肉強食の世界

戦争が頻繁にあり、外敵や内敵との接触度が多いと、戦う者同士は喰うか喰われるかの戦いとなり、ここでは弱肉強食、優勝劣敗の世界が繰り広げられる。そういうところでは、各集団、各人とも防衛的、戦闘的にならざるをえない。

これから言えば、誰かが指摘したごとく、外敵との接触度が多く戦争が常態化しているところで、「適者生存理論」（チャールズ・ダーウィンの理論）が生み出され、少ないところで「棲み分け理論」（今西錦司の理論）が生まれるのも当然、と言える。

こういった世界から逃れる途は、技術の発展によって生産性が上がることが大きな条件である。生産性が上がることによって、他民族や他国に攻め入って財産などを略奪する必要がなくなるのである。それは近代になるまで待たなければならなかった。しかし、近代になればなればで、別の要因から戦争はなくならないのである。

弱肉強食、優勝劣敗の生物的闘争から抜け出るためには、人殺しを伴う戦争から人殺しのない闘争つまり競争へ、と転化する必要があるが、技術の進展、生産力の向上、意識の変革が必要である。これについては近代文明以降の分析検討が必要となる。

日本の場合

以上の大陸での戦争状態に対して、日本でのそれはまさに対照的であった。まず、大陸から異民族によって攻められるのは数えるくらいしかない。13世紀の蒙古襲来くらいである。逆に日本が大陸に攻めていくのは16世紀末の太閤出兵、19世紀末から20世紀中頃までの日清、日露、日中の戦争くらいである。常時は平和であり、ときたま戦争が起こる程度である。

戦争が少ない理由としては、大陸と日本とはかなりの距離の対馬海峡によって隔てられていて、その距離が民族間の戦争や紛争を圧倒的に少なくしている。また、たまに起こる異民族間の戦争や紛争も権力者の支配欲などによるものであって、大陸のように略奪目的ではない。またゲルマン人のように戦争好きということもなく、戦争の結果、相手を奴隷にするとか、自己が奴隷になるとかもない。

こういう状態であるから、日本においては城壁都市は必要がない。平城京、平安京においては、城壁も堀もない。それでいて、外国軍隊によって、平城京、平安京が攻められることはなかった。中世においては、これらの都は自国の武士によって攻められることはあったが、都そのものが攻撃されるのではなく、都にいる他の武士勢力の場所が攻撃されたのである。

また、大陸のように常に次の戦争に備えて軍備を整えておく、という考えがない。平和が正常であり、ときたま戦争が発生する、と考える。だから次のときに備えて戦略を練っておくという発想もない。ただし、中世とか近世とかにあっては、武士団どおしが戦いするのが平常化するときはあって、そのときには大陸における戦争と平和のような状態が出現したのは事実である。しかし、こうした時期は長い日本歴史の中では極めて短い、と言わねばならない。

そのような防衛体制のなさは生活ぶりにも表れている。家のドアは頑強でないばかりか、外から開けられようになっていたりする。ドアには覗き穴もなく、訪問者を確認することもない。家の中では、くつろぎが第一で、そのために靴を脱ぐ。食事のときも、玄関が見える方向に腰掛けることはない。夜寝るときも、まさかの敵のことも考えず、畳に真横になって寝る。

第３節　「敵対型文明」と「温和型文明」

「敵対型文明」と「温和型文明」

以上の文明の歴史を考察してみると、西洋文明、中近東文明、インド文明、中国文明は程度の差こそあれ、常時戦争状態の中の文明であり、日本文明はそうではない文明であって、際立っていることが分かる。

前者の文明と後者の文明の差は幾人かの研究者によって、峻別規定されてきた。中山治は「要塞文明」と「無常感文明」（『戦略思考ができない日本人』）として対比し、日下公人は「好戦的な民族」と「平和的な民族」（『戦争が嫌いな人のための戦争学』）と規定した。川勝平太と安田喜憲は「敵を作る文明」と「和をなす文明」（『敵を作る文明・和をなす文明』）と捉えた。安田喜憲は「力と闘争の文明」と「美と慈悲の文明」（『一神教の闇』）と分類した。大石久和は「紛争死史観」と「災害死史観」（『国土学』が解き明かす日本の再興』）と分類した。このような捉え方は「攻撃型文明」「常時戦争型文明」と「常時平和型文明」としてもよいし、「弱肉強食型文明」と「親和融和型文明」としてもよいであろう。本書では「敵対型文明」と「温和型文明」として表現する。

「敵対型文明」

敵対型文明とは、他の異民族・異人種が常に攻めてくるかもしれない状況の中で、自らを常に守らねばならない環境下での文明である。「要塞型文明」「常時戦争型文明」のことである。西洋文明しかり、中近東文明しかり、インド文明しかり、中国文明しかりである。

敵対型文明の特徴としては、次のように言うことができる。すなわち、敵対型文明では、①地理上はお互いに陸続きで、歴史上常に異民族からの侵入、占領、支配があり、逆に他民族地域への侵入、侵出、占領、支配もあった。②時には複数民族が入り乱れて、混乱を繰り返し、同じ民族にあっても、文化や生活の断絶なども生じた。③戦争回数は格段に多く、侵略、略奪、虐殺、奴隷化、火あぶりの刑、ホロコースト、ジェノサイドなどが日常のように起こる。

敵対型文明では、④軍事は重要で、政治のリーダーには戦争術に長けた者がなるのであり、軍人の位が高く、軍人の数も多い。軍事、力への信仰がある。⑤国境、都市、王宮は敵の侵入を防ぐために、城壁や堀で囲まれている。例えば、ハドリアヌス長城、アントニヌス長城、リーメス・ゲルマニクス、万里の長城など。⑥常に相手に勝つために、戦略・戦術が発達する。例えば、孫子『孫子』（前480頃C）、韓非子『韓非子』（前230頃）、アルタ・シャーストラ『実利論』（年代不祥）、ニッコロ・マキャベリ『君主論』（1513執筆）、カール・フォン・クラウゼヴィッツ『戦争論』（1832）など。⑦敗戦や失敗したときには、その出来事や相手の国や民族のことを、いつまでも忘れずに（怨念として残る）、常に次に戦うときにはどうすべきかを考えている。危機意識は常にある。⑧自己利益優先なので、町並みは汚い（近代になって西洋では衛生観念の発達で美しくなる）。

敵対型文明では、国家・社会レヴェルで攻撃的であるが、それは個人レヴェルでも同様である。⑨常に他人に対して自分はエライのだ、とアピールする必要がある。⑩自我は堅く強いものとなる。⑪互いに他人を信用することなく、和することはせず、人間性悪説が一般的となる。個人間であることを認め合うときは、取引を行って「契約」を結ぶ。⑫事故や事件が起こり、個人間が争う場合、個人は謝ることなく、どこまでも自己の正当性を主張する。弁護士や裁判技術が発達する。⑬自己主張が強く、弁論術が発達する。例えば、ソフィストの弁論術、デモステネスの雄弁、アリストテレス『弁論術』（前４世紀）、イソクラテスの弁論術学校、キケロの雄弁、クインティリアヌス『弁論家の教育』（95頃）などがある。同様に、外国語の習得も容易である。⑭同様に、論理学も発達する。例えば、エレア学派の弁証法、アリストテレスの論理学、仏教論理学、中国論理学などがある。

「温和型文明」

温和型文明とは、敵対型文明とは異なる環境下での文明、「非要塞型文明」「常時平和型文明」のことであり、日本以外には、昔の中南米文明やオセアニア文明、太平洋の小さな島国文明などが、この中に入るのかもしれない。この辺はこれらの文明研究の進展に待つしかない。

温和型文明の特徴としては、次のとおりである。すなわち、温和型文明では、①地理上は大陸から離れていた島であることが多く、歴史上異民族からの侵入、占領、支配もほとんどなく、逆に異民族への侵出、占領、支配もほとんどなかった。②複数民族が入り乱れて混乱を繰り返すことなく、同じ民族内で同じ文化や生活は絶え間なく流れていた。③戦争回数は驚くほど少なく、侵略、略奪、虐殺、奴隷化、火あぶりの刑、ホロコースト、ジェノサイドなどは起こりえない。

温和型文明では、④軍事は重要ではなく、政治のリーダーは文化的教養の高い者がなるのであり、軍人の位は高くなく、軍人の数も多くない。軍事、力への信仰はない。強いて挙げれば、道義への信仰がある。⑤敵に攻め込まれることはあまりないので、都市や王宮は城壁や堀で囲まれてはいない。⑥戦争を通じて悲惨な目に遭っていないので、戦略・戦術は発達しない。⑦戦争はあまりないので、次の戦争のときにはどうするか、とは考えない。失敗の反省という伝統がない。戦火や嫌なことがあっても、水に流すし、すぐ忘れてしまう。危機意識がない。⑧全体の中の自己を意識するので、町並みは綺麗である。

温和型文明では、国家・社会レヴェルで常に平和的であり、それは個人レヴェルでも同様である。⑨常日頃、自分はエライのだ、とアピールする必要がない。⑩自我は堅く強いものになる必要がないので、柔らかく、弱い。⑪互いに同質だとの意識から、他人を信用し、和するようになり、人間性善説が一般的である。個人間であることを認め合うときは、仲間内であるので、わざわざ取引を行って「契約」を結ぶ必要はない（契約の観念に欠ける）。⑫事故や事件が起こり、個人間が争う場合も、大紛争に発展することはほとんどなく、裁判に行くまでに、個人は謝り合いや話し合いによって、解決することが多く、従って弁護士や裁判技術が発達することはない。⑬自己の思いは相手には「あうんの呼吸」で通じるので、自己主張をする必要がなく、弁論術は発達しない。同様に、外国語の習得は苦手である。⑭同様に論理学も発達しない。代わりに心情が細やかになり、雪月花、花鳥風月の心、茶の湯、生け花、香道、和歌・俳句、石庭、盆栽などなどが発達する。

日本にも戦乱の時代があり、敵対型と同様ではないか、という指摘もある。確かに源平合戦の頃、南北朝の頃、戦国時代、幕末の頃には内戦は多かったが、そういった時代は全体においては稀な時期であり、しかも同国人どおしの戦いである。そして戦乱の時代が終われば、平和な体制へと揺り戻しが行われている。そのような格好の例が鉄砲の扱われ方である。戦国時代には世界屈指の鉄砲生産国、使用国であったが、平和な江戸時代になると、生産が中止となり、技術改良は行われていない。このこ敵対型文明の国々では、一時の平和にあっても、鉄砲の生産・改良が中止になることはない。このこ

表2　二指標による各文明の位置

						戦争の風土	
						敵対型	温和型
				侵略、戦争の多さ		侵略、戦争多い	侵略、戦争少ない
				戦略ありなし		戦略、軍事術発達	戦略、軍事術なし
				心の善悪		性悪説	性善説
				論理と情緒		論理発達	情緒発達
		気候	土壌	産業	食事		
一般風土	牧場型	乾燥と湿潤	牧草 森林	牧畜 小麦農業	肉食 パン食	①西洋文明	
	砂漠型	乾燥	砂漠	牧畜		②中近東文明	
	モンスーン型	湿潤	水田 森林	米農業	米食	③インド文明 ④中国文明	⑤日本文明

とからも日本は温和型文明であることが分かるのである。このことはノエル・ペリンの『鉄砲をすてた日本』（1979）に詳しい。

二指標による各文明の位置

本章第1節で一般的な風土を論じ、そこで文明を牧畜型文明、砂漠型文明、農耕型文明に分けた。第2節においては戦争の風土を論じ、第3節では文明を敵対型文明と温和型文明に分けた。それでは、牧畜型文明、砂漠型文明、農耕型文明と敵対型文明と温和型文明とは、どういう関係にあるのであろうか。それは表1のようになるであろう。

五大文明の位置づけ

表1にある五大文明、すなわち西洋文明、中近東文明、インド文明、中国文明、日本文明を、敵対型文明と温和型文明との観点からまとめると、表2のようになるであろう。

表3　五大文明の比較

	敵対型文明				温和型文明	適　用
	西洋文明	中近東文明	インド文明	中国文明	日本文明	先輩研究者
民族	ゲルマン人	アラブ人、トルコ人等	インド人	中国人	日本人	
風土	湿潤と乾燥	乾燥	ﾓﾝｽｰﾝ、湿潤	ﾓﾝｽｰﾝ、湿潤	ﾓﾝｽｰﾝ、湿潤	和辻哲郎
	森林と牧場	砂、砂漠		泥、水田	泥、水田	和辻哲郎、松本健一
	牧畜、麦作	牧畜		米作、牧畜	米作	鯖田豊之、中山治
	肉食、ﾊﾟﾝ食	肉食、ﾊﾟﾝ食		米食・肉食	米食	鯖田豊之、中山治
	攻防激しい	攻防激しい	攻防激しい	攻防激しい	攻防少ない	鯖田豊之、中山治
	石作りの家	石作りの家		木作りの家	木作りの家	水津一朗、竹下啓次
社会	軍人優位	軍人優位	軍人優位	軍人優位	文人優位	
	都市と王宮は城塞	都市と王宮は城塞	都市と王宮は城塞	都市と王宮は城塞	都市と王宮は非城塞	
	分化型集団(ｽﾍﾟｼｬﾘｽﾄ)	分化型集団(ｽﾍﾟｼｬﾘｽﾄ)	分化型集団(ｽﾍﾟｼｬﾘｽﾄ)	分化型集団(ｽﾍﾟｼｬﾘｽﾄ)	未分化型集団	中山治
	上個人下奴隷	掟共同体	多重共同体資格共同体	上下二共同体	単一共同体	加藤隆
個人	肉食ｽﾋﾟﾘｯﾂ	肉食ｽﾋﾟﾘｯﾂ	肉食ｽﾋﾟﾘｯﾂ	肉食ｽﾋﾟﾘｯﾂ	草食ｽﾋﾟﾘｯﾂ	中山治
	ｽﾍﾟｼｬﾘｽﾄ	ｽﾍﾟｼｬﾘｽﾄ	ｽﾍﾟｼｬﾘｽﾄ	ｽﾍﾟｼｬﾘｽﾄ	ｾﾞﾈﾗﾘｽﾄ	中山治
	強い自我	強い自我	強い自我	強い自我	弱い自我	中山治
	自己主張迅速決定伝達	自己主張迅速決定伝達	自己主張迅速決定伝達	自己主張迅速決定伝達	対立回避ぼかしｺﾐｭﾆｹｰｼｮﾝ	中山治
	二重基準	二重基準	二重基準	二重基準	ﾀﾃﾏｴとﾎﾝﾈ	中山治
	怨みの持続	怨みの持続	怨みの持続	怨みの持続	水に流す	中山治
宗教	一神教	一神教	多神教	多神教	多神教	
	キリスト教	イスラム教	ﾋﾝﾄﾞｩｰ教	儒教、道教	神道、仏教	
	永遠の命観念原理	永遠の命観念原理	永遠の命観念原理	永遠の命観念原理	空気、無常、集団情緒	山本七平、中山治

対馬海峡とドーヴァー海峡の意味

最後に、敵対型文明と温和型文明を分かつものは何であろうか。温和型文明の日本は敵対型文明の中国や朝鮮とは対馬海峡で分かたれている。それから言えば、イギリスはドーヴァー海峡でヨーロッパ大陸とは分かたれているが、イギリスは大陸と同じ敵対型文明である。このことは何を意味するか。対馬海峡とドーヴァー海峡の距離がそうさせているのである。すなわち、対馬海峡の最短200㎞は、大陸の敵対型文明と日本を分かつに十分な距離であり、ドーヴァー海峡の最短34㎞は、大陸の敵対型文明とイギリスを分かつに不十分な距離であったのである。つまり、ドーヴァー海峡はあまりに狭かったために、イギリスは大陸の敵対型文明に飲み込まれてしまったのである。

第２章　戦略と非戦略

第1節　大陸の戦略・戦術

1. ギリシア

ユーラシア大陸では、戦略・戦術はどのように発展してきたのであろうか。大陸の西側から見ていくことにする。ここでは文明らしき文明を最初に作ったのはギリシア文明としてよいであろう（次いではローマ文明があり、次いではゲルマン文明がある）。古代ギリシア世界で戦略理論らしきものが意識されたのは、歴史記述においてであった。著作としては、まず①ヘロドトスの『歴史』（前5世紀）がある。歴史書としては、物語風、風土的史観の先駆、地理的叙述、歴史的相対主義、世界最初の歴史書が特徴である。戦略書としては、ペルシア戦争史を扱い、マラトンの戦い（前490）、テルモピレーの戦い（前480）、サラミス湾の海戦（前480）、プラタイアの戦い（前479）などが生き生きと描かれている。

ギリシア世界第二の歴史書には②トゥキュディデス『戦史』（前5世紀）がある。書名にあるとおり、これはペロポネソス戦争史（といっても最初の21年間）を考察の対象としている。歴史書としては、教訓風、科学的、史料研究もしているところが特徴である。戦略書としては、アテナイとスパルタの戦略を、それぞれの指導者の演説や行動などから描き出している。ここから後生、演繹導入されるのが、「トゥキュディデスの罠」（Thucydides Trap）である。それは従来の覇権国家（アテナイ）と台頭する国家（スパルタ）の抗争があるとき、戦争不可避な状態にまで衝突発展する、というものである。

その他、純粋な歴史書ではないが、人物史に限ったものに、③プルタルコス『対比列伝』（50-120）がある。これはギリシア世界とローマ世界の英雄たちを比較して叙述している。戦略書としては、各英雄たちがどういう戦略を用いたか、が記述されている。ギリシア世界やローマ世界の歴史書に書かれた戦史や戦略は、上記などの史書で分かるが、それらの書で書かれていないことは本書による他はない。

例えば、スパルタの後ギリシアの覇権を握ったのはテーベであり、その後はマケドニアであり、これらの動きは本書によるしかない。テーベの隆盛はエパミノンダス、ペロピダスによるものであり、その戦術は斜線陣戦法であり、包囲殲滅《せんめつ》戦のルーツとされる。

マケドニアのフィリッポスⅡとアレクサンダー大王の戦法は、６・４メートル《メートル》の長槍を持つ密集長槍隊と重装歩兵を一つの単位とするもので、マケドニア方陣（ファランクス）と呼ばれ、後にローマへ受け継がれることになる。他には、バリスタ・カタパルト（投石器）を持つ砲兵、騎兵、工兵をも擁していた。

2. ローマ

ギリシアの次はローマの覇権となる。そのローマ世界においても、初期の頃はギリシアの文化がローマ文化を圧していて、ギリシア語の歴史書が作成される。①マネトー『エジプト史』(前3世紀)、②ポリュビオス『ローマ史』(前2世紀)などがある。ポリュビオスは小スキピオの師であって、その著書は政体循環史観、混合政体論に立って、ギリシアがローマに負けた理由を述べている。これは政治書であって、戦略書とは言いがたい。

ローマの支配が盤石になってから、ローマ人によるラテン語の歴史書が多数作成される。それらには次がある。①ユリウス・カエサル『ガリア戦記』(ベロ・ガリコ、前1世紀)は、カエサルがフランスを平定したことの、元老院への報告書である。文体的には文章の模範と言われ、その後長く欧米人の教養となった。戦略的には大胆さ、集中性が光る。

その他では、②マルクス・アンナエウス・ルカヌス『内乱』(前1世紀)、③ティトゥス・リヴィウス『ローマ建国史』(1世紀)がある。特に、③は40年かけて作成された大部のもの(全142巻、現存35巻)で、ローマの選民意識、「自由」「原則」(プリンシプル)が特徴となっている。④コルネリウス・タキトゥスは多数の歴史書を作成しているが、その中で興味深いのは:i『ゲルマニア』(2世紀)である。ここでは、ローマ人とは異民族のゲルマン人の生態を観察し、質実剛健性、戦争を好む風潮などを伝えていて、今となってはゲルマン人の生態を知る貴重な資料となっている。その他作としては、ⅱ『アグリコラ』（２世紀）、ⅲ『ヒストリアエ』（２世紀）、ⅳ『年代記』（120頃）がある。

その他の歴史書としては、⑤スエトニウス『ローマ皇帝伝』（２世紀）があり、特にそのアウグストゥス伝は有名である。この頃には軍事学書も現れるようになる。セクストゥス・フロンティヌス『ストラテゲーマトーン』（１世紀末）がそれであり、これは戦略書と言うよりは戦術書であり、後世のニッコロ・マキャヴェリ、シャルル・ド・モンテスキューに影響を与えることになる。

３．ユダヤ

ユダヤについての歴史書と言えば、旧約聖書の中の歴史書群がある。同書の中で、①「ヨシュア記」（Joshua）、②「士師記」（Juges）、③「サムエル記ⅠⅡ」（Samuel）、④「列王記ⅠⅡ」（Kings）、⑤「歴代誌ⅠⅡ」（Chronicles）が中命記史書とされている。

これらのユダヤの周辺諸民族との戦いの中で、ユダヤ十二部族が結束してことに当たったことをもって、そこには「連合戦争神」（Bundeskriegsgott）の考えがあった、ことを指摘したのはマックス・ヴェーバーであり（『古代ユダヤ教』）、その精神はその後の西洋全体に受け継がれている、とするのが中山治である（『戦略思考で勝ち残れ！』）。

「連合戦争神」とは「イスラエル十二支族の契約」「契約の民が連合して戦う際の神」とも定義できる。ここには、回りすべてが敵であった弱小民族の知恵が隠されている。弱小者の連合という戦略である。後の西洋諸国においても、旧約聖書を読書することによって、西洋人の知恵ともなり、西洋人は相手を脅威と見なすときは、「連合戦争神」を意識し、連合を組んで、相手を負かそうとする。

4．中国

中国においては、古代から書物をまとめることは盛んであり、史書もそうであり、軍事学（兵法）書もそうであった。史書としては、春秋時代には、『春秋』（前5世紀）と『春秋左氏伝』（前350頃）があり、戦国時代を対象としたものとして『戦国策』（前1世紀）が成立した。最初の統一王朝・秦と漢の後には、『三国志』（290頃）ができている。この『三国志』には、魏、呉、蜀漢の三国による外交、戦争の様子が、英雄たちの個性と戦略・戦術とともに語られていて、読者を引きつける。魏においては、王・曹操や将軍・司馬仲達が孫子の兵法を活かして、持久戦を操り、蜀漢においては、王・劉備や将軍・諸葛孔明が同じく孫子の兵法を活用し、赤壁の戦い（208）で勝利する。

お互い諸侯が相争っていた春秋・戦国時代には、兵法書は山のごとく作成された。『孫子』（前480頃）、『呉子』（前380頃）、『尉繚子』（前220頃）、『司馬法』（年代不明）があり、後の時代には『六韜』（秦）、『三略』（秦）、『李衛公問対』（唐）などが作成された。

この中でも思想の中身といい、後世への影響度ということからも、最大の書は『孫子』である。その構成は13篇から成っていて、その戦略思想としては、①不戦主義、②外交・経済の優先、③万全主義、情報の重視（相手の研究調査）、④臨機応変な柔軟対応（固定した戦術・用兵理論の不採用）、⑤

防御の重視、などとまとめられるであろうか。

孫子の影響としては、曹操、諸葛孔明、武田信玄、江戸時代の儒学者たち、ナポレオン・ボナパルト、カール・フォン・クラウゼヴィッツ、東郷平八郎、毛沢東、リデル・ハート、ノーマン・シュワルツコフなどを挙げることができる。

5．西洋近代

今までは古代についてであった。中世のゲルマン、中近東のイスラム、インド、中国においても、それなりの歴史書や戦略書などがあったであろうが、それらを詳細に詮索するよりは、いきなり近代の西洋に目を向けた方が良いであろう。

近代西洋では、自然科学が勃興し、近代哲学が生まれ、啓蒙思想が形成されて、そこから文明の概念が生まれ、発展史観が生まれる。歴史は発展史となったので、古代のように戦争の在り方や戦略・戦術を同時に記述することはなくなった。それを補うかのように、戦争を客観的に眺めて、いかなる戦略・戦術を用いるのが勝利に導くことになるのか、戦争の理論形成の契機が生まれる。

それを後押しするような出来事がナポレオンⅠによるヨーロッパの席巻であった。ナポレオンが強かった理由としては、次が挙げられる。①大砲戦術に精通していた。「戦争は大砲で行われる」（ナポレオン）。②国民皆兵制度による「自分の国は自分で守る」という気概があった。③用兵の大量化、迅速化、苛烈《かれつ》化があり、それはそれまでの絶対君主間の制限戦争の終焉を示していた。それを示すナポレオンの言葉は、「戦術とはある一点に最大の力を振るうことだ」「事物の中で最悪なのは、決断できないことである」。

ナポレオンが大量兵力を動員できた理由としては、①革命がらみの愛国心が各兵士に漲《みなぎ》っていたこと、②ラザール・カルノーによる国民皆兵制度（徴兵制度）の実施があったこと、である。この制度は瞬く間にヨーロッパ全土へ伝播《でんぱ》し、以降徴兵制度国による大規模戦争が起こることになる。

こうした状況を受けて、戦争理論書、戦略理論書が誕生することになる。一つはナポレオン軍の内部にいたアントワーヌ・ジョミニによる『戦争術概要』（1838）である。ジョミニ『戦争術概要』の特徴は戦争術的、幾何学的、技術的であり、その理論はフランス、オーストリア、アルフレッド・マハン、アメリカに影響を与えることになった。

もう一つは、ナポレオンによって敗北を喫したプロイセンにおいてであり、カール・フォン・クラウゼヴィッツの『戦争論』（1832）であった。その著は8篇よりなり、体系的な著述となっている。その戦略思想としては、次が挙げられる。①戦争は他の手段をもってする政治の継続に過ぎない。政治は軍事に優先する。政治は目的を定め、戦争はこれを達成する。②汗や血を流すことを厭《いと》う者は、これを厭わない者に必ず敗れる（実力行使第一主義）。③防御は攻撃よりも堅固な戦闘方式である（防御第一主義）。④戦争には敵の戦闘力撃滅を企図するものと、敵国領土の占領を企図するものの二種類があり、その折衷はあり得ない。⑤まず敵の野戦軍を撃滅してから、その首都を占領せよ。例えば、「目的はフランス軍、目標はパリ」。目的と目標を混同してはならない。

その他のクラウゼヴィッツの論点としては、利害得失の検討、経済的合理性の観点からの戦争遂行、正義のための戦争の否定、シビリアン・コントロール、「クディエール」（眼力）、「クラージュ・デテプリ」（果敢さ）などが挙げられる。クラウゼヴィッツの戦略思想はヘルムート・モルトケ、フリードリッヒ・エンゲルス、ウラジミール・レーニン、レフ・トルストイ、森鴎外、毛沢東へと影響を与えることとなる。

ジョミニ理論とクラウゼヴィッツ理論を受けて、西洋においては以降、ヘルムート・モルトケ、アルフレート・フォン・シュリーフェン、フェルディナン・フォッシュ、アルフレッド・マハン、ジュリオ・ドウエ、J・F・C・フラー、エーリヒ・ルーデンドルフ、ハンス・フォン・ゼークト、リデル・ハートなど、幾多の戦略思想家が生み出されてきた。

6．西洋現代

第二次大戦後、戦略理論の定立ということでは、マクナマラ理論がその標準を提供したのは意義深いことであった。ケネディー政権の国防長官に就任したロバート・マクナマラは、以前は大企業の社長であった経験を活かして、企業経営的戦略の国防への応用を目指し、戦略立案モデルみたいなものを構築した。それは核時代の戦略としての「柔軟対応戦略」でもあった。マクナマラ戦略を、馬淵良逸『マクナマラ戦略と経営』と孫崎享『日本人のための戦略的思考入門』によって、箇条書き方式で記述すると、次のようになる。

マクナマラの戦略モデル

Ⅰニーズ研究

①外的環境の把握＝消費者要求、競争状態、技術水準、一般経済、法的規制。調査能力と分析能力が必要である。綿密な作業が必要である。

②将来環境予測

③自己の能力・状況の把握＝保有資産、保有能力、投資状況、市場占有率

④課題＝要求、脅威、機会、拘束条件など＝組織生存のために何が課題かという観点で集積し、検討する。

⑤情勢判断＝自己の強みと弱みは何か

Ⅱ企画

①目標提案＝創造性が必要となる。

②代替戦略提案

③戦略比較＝バランス感覚が必要となる。このうち、プログラム・パッケージング方式＝複数の選択肢を一つのパッケージに入れ、その中で費用対効果を比較する。

④選択＝意思決定＝目標と戦略の決定

Ⅲ計画

①任務別計画提案＝実行力と管理能力が必要になる。綿密な作業が必要である。

②計画検討・決定＝意志決定＝具体的行動の決定
③スケジュール＝資源配分

外交交渉

戦争や戦略については、温和型文明もときたま経験するが、外交交渉となると敵対型文明の独壇場である。戦争が多いとそれに伴う外交交渉も多くなる。そこから外交理論も出現と相成る。これについての古典としては、ルイXⅣ時のフランスの外交官であった、フランソワ・ド・カリエールの『外交談判法』（1716）がある。この中身は外交実務論と言うべきもので、交渉者の資質、交渉者の育成法、交渉成功の秘訣などを論じている。

外交の基本として、第1章第2節で述べたごとく、外交とは「テーブル上の戦争」であるので、交渉においても、その目的達成のための戦略と戦術が必要である。さらには、軍事を背景として外交交渉すべし、というのが敵対型文明国の前提となっている（戦後日本の外交はこの原則から外れているので、極めて脆弱《ぜいじゃく》である）。

交渉の型としては、戦略・戦術に関連したものとしては、威嚇（脅し、ブラフ、ブラッフィング）を用いるかどうか、が重要である。これについては、①威嚇を主戦術とするロシア型、②威嚇と理詰めを平行、両用するアメリカ型、③理詰めを主戦術とするイギリス型、などがある。

また、騙《だま》しを使うかどうかも重要である。これに関しては、敵対型文明の国はほとんどこれを行ったのである。「条約とは破られるためにある」とする格言もあるくらいである。歴史上も、条約破棄とか騙しの交渉とかは枚挙にいとまがない。

第2節　日本人に戦略なし

1．日本人と戦略

日本人には戦略という発想がない

第1節では、いかに大陸の敵対型文明の人たちは、四六時中戦略のことを考えているか、を書いてきた。第2節ではその反対で、いかに温和型文明の人たちは、四六時中戦略のことを考えていないか、そういうことがいかに体質的に根付いていないのか、を書くことになる。

こういうことは現代においては、敵対型文明の人たち、特に政治家や戦略を考える人たちの間では常識のようになっている。それを揶揄《やゆ》する民族ジョークもあるし、世界的戦略者のヘンリー・キッシンジャーの発言が有名である。キッシンジャーはこう言ったという。すなわち、「日本人は論理的でなく、長期的視野もなく、彼等と関係を持つのは難しい」。カナダ首相補佐官は言う。つまり、「日本人の国際政治の場での発言の知的水準は低い」。ハーマン・カーンは述べる。すなわち、「日本は技術と経済の巨人だが、軍事と政治のピグミーだ」。カレル・ヴァン・ウォルフレンは書く。「（日本人は）全国民的視野と長期的展望に立った戦略計画を立てるのは不可能」（以上孫崎亨『日本人のための戦略思考入門』による）。

日本人が戦略や国防のことをまるで考えていないことについては、孫崎が言うごとく、イザヤ・ベンダサン『日本人とユダヤ人』の中の、イスラエル公使館員の言葉が当てはまるであろう。すなわち、「日本人は安全と水は無料で手に入ると思い込んでいる」のである。戦略や国防のことを考えたことがなく、それでもこの世界を生きていける、と考える、平和ボケ、能天気このうえない状態を曝《さら》け出している。

日本人が戦略を立てれば

そのような戦略慣れしていない日本人が戦略を立てれば、どのような戦略ができるのであろうか。その格好の資料は岩城賢『戦略発想してますか？』である。これによると、日本人が立てる戦略の特徴は、①部分志向型の発想となる。つまり、全体像を見ずに細目に囚われる。②総花主義、平均主義となる。つまり、物事の重要度に差をつけられない。③集団への埋没、盲目的従属となる。つまり、自主独立の精神の欠如がある。時流を追う衝動的行動パターンとなる。④結果よりも信条を重んじる美学となる。つまり、感情中心のものの見方であり、動機が正しければ結果は問わない。このように、戦略的発想の根幹が分かっていないと、こういうことになるのは理の当然である。

上記のうち、③に関しては、ある考えに特化したものに決定せねばならないところ、日本人的性質によって、②のような、足して2で割るような、最大公約数的な解を出すような、決め方が行われる。それをリードするのは「調整型リーダー」であり、そのように決定されることを「空気によって決まる」「空気に呪縛《じゅばく》される」と言う。こういうことは戦略決定とは真っ向反対のものである。これについての事件は、以下の第3節「太平洋戦争に戦略なし」で見ることになるし、その社会的心理的メカニズムについては、第4章第3節の中4「空気・同調圧力」の中で詳論するはずである。

もっと詳細に分析していけば、日本人が戦略を立ててそれを実施するとすれば、①においては情勢把握はするにしてもおざなりになりやすい。②においては主戦略は立てるものの、代替案を立てなかったり、戦略比較をしなかったりする。③において②の戦略に満足して、その実施計画のフォローを怠ったりする（場合によってはその考えがまるでない）。端的に言えば、②のみが戦略だと錯覚し、しかもその作文のみに満足する傾向がある。驚くなかれ。現代日本の経営者にもこの手の人がいる。

そうではなく、標準的な戦略を立てるには、大雑把には、次の作業となる。第1節6の中「マクナマラの戦略モデル」と対比しながら読むと分かりやすい。①まず外的と内的な情勢把握を行い、自己の強み、弱みを把握する。②その上で、主戦略と代替案を立案し、それらの戦略比較を行って、最終どれかに意志決定する。③決定した戦略を具体的に実施するための実施計画を策定する。

日本人が戦略を立てられない理由

なぜ日本人は効果的な戦略を立てられないのか。その個々の状況については、第3節「太平洋戦争に戦略なし」の中２「戦略立案での誤り」で検討するとして、その総論としては、ここで検討するのが適当である。

上記の戦略策定作業には、論理的思考（特にロジック）、合理的精神が必要である。ここには、現実を直視する厳しい眼を持たねばならず、希望的観測や固定的原則に拘ってはならず、折衷的であってはならず、情緒を入れてはならない。西洋においては、第３章第２節「西洋のディベート」で見るごとく、その基礎がある。

ここから、日本人が効果的な戦略を立てられない理由として、第一の説としては、日本人は論理的思考が苦手であり、合理的精神が欠如している、とする説が出てくる。論者・文献としては、北岡俊明『戦略能力の時代』、中山治『戦略思考で勝ち残れ！』（その第２章）がある。したがってその解決策として、前者は情緒思考を止めて、論理思考に徹しろ、となる。後者においては、日本的メンタリティーを克服しろ、となる。

第二の説は、日本人は農耕民であったために、農耕民メンタリティに支配されていて、戦略を考える機会も余裕もなかった、だから戦略を立てるのが苦手である、との説である。これは第一説の原因説ともなる。文献としては、中山治『戦略思考で勝ち残れ！』（その第３章）がある。

第三の説は、日本人は自然災害死史観の元にあるので、自然災害はいつ起きるかも分からず、暫定的、臨機的、その場的に対応せざるを得ず、そこから日本人の考え方も暫定的、臨機的、その場的にならざるを得ず、長期的、恒久的考え方が身につかなかった、とする。論者・文献は大石久和『国土が日本人の謎を解く』である。

2. 情報重視の発想なし

情報の軽視

メディアの情報について、温和型文明の日本人はややもすると、与えられた情報は常に正しい、と信じてしまう傾向にある。つまり眼の前にある情報が本当のことなのか、疑いもしない態度、さらに言えば真相は何なのか、探っていこうとすることもなく、相手を欺くために、偽の情報を流すこともしない。

これらの行動は、敵対型文明（狩猟型文明）の人たちにとっては得意中の得意であって、先の大戦においても、日本はこれらに苦しめられた。敵対型文明の人たちにとっては、情報の質量によって、獲物が少なかったり、自らが滅ぼされてしまうわけなので、その情報獲得には必死である。農耕型で温和型の日本はそういう必要がないので、軍隊においても情報軽視となってしまう。それが太平洋戦争の敗戦にも繋《つな》がった。

『孫子』の第13章「用間篇」では、情報が勝敗を分けるので、情報収集を怠るな、と説いている。明治の軍隊では、『孫子』をある程度研究、尊重しているので、情報重視の姿勢であったが、昭和の軍隊では、大国意識の浸透により、『孫子』のことなどは頭から消えることになる。そうなれば、当然のごとく情報軽視の姿勢となった。

日露戦争後策定の『統帥要領』（1914）『作戦要務令』（1938）などのマニュアルにおいても、情報軽視が明文化された。「敵情解明に汲々として戦機を逸するようなことがあってはならない。与えられた任務遂行のため、まず敵を見たら攻撃すべき」が定められた。

戦略を立てるには、第1節6の中の「マクナマラの戦略モデル」で見たごとく、まず外的と内的な情勢把握を行い、自己の強み、弱みを把握することになるが、情報軽視の姿勢が強いと、外的と内的な情勢把握なしで、いきなり主戦略を立案することになる。太平洋戦争においては、戦争計画の根本がこういう風になされた公算が大であり、それは敗戦に繋がるのである。これについての詳細は次節「太平洋戦争に戦略なし」に詳しい。

情報軽視したために戦いに敗れた例としては、ハル・ノートを突き付けられて、アメリカの情勢を知ることとなしに、即開戦に動いたこと（第3節1で詳説）、軍部と政府間に情報共有がなかったために、有効な政策が打てなかったこと、ガダルカナル戦での陸軍海軍間で情報共有がなかったために作戦失敗したこと、など枚挙にいとまがない。

情報軽視の思想のために、情報収集のための技術、あるいは情報を盗まれないための技術、の開発にも力（経費、時間、人員など）を入れることを怠った。例えば、暗号開発、レーダーなど。太平洋戦争では、戦うまえに日本の動静はアメリカに掴まれていた。これでは勝てない。

敵を知ることなし

『孫子』の第3章「謀攻篇」には、有名な「彼を知り己を知れば、百戦危うからず」がある。これをどれだけ実戦するか、しないか、これが勝者と敗者を決定することになる。アメリカは戦争の始まる前はそれほど日本のことを知っていたわけではない。むしろ無関心に近かった。ところが戦争が始まってから、ガラリと様相が変わる。がぜん日本のことを研究し出すのである。

まず軍隊内で日本語教育を強化する。それも1人や2人ではない。50人、100人といった単位である。そうしてある程度日本語の分かるようになった者を実戦部隊に配置し、対日本の情報収集に当たらせる。こうした軍の日本語学校の卒業生たちが、戦後日本文化の研究者として大成していくのである。エドワード・サイデンステッカー、ドナルド・キーン、オーティス・ケーリなどはそういう人たちである。

単に日本語の分かる者を増やしただけではない。日本人の生態、行動の癖、思考方法など原理的に極めようとする。そこから得た日本人の行動原理から、日本人の戦略を予想したり、それに対応して自軍の戦略を変えたり、したことが予想される。これをどこまでしたのかは、あまり分かっていない(アメリカは明らかにしていない)。しかし、この分野の活動は学問的には結実する。有名なのがルース・ベネディクトの『菊と刀』(1946)である。

それに対して、日本は戦争が始まってからどういう行動を執ったのか。軍隊内で英語教育を強化したか。学校で英語の授業を強化したか。アングロ・サクソン人の行動性癖、思考性癖などの研究を強化したか。誰かの学者に依頼して、アングロ・サクソン人の行動原理、思考原理などを研究させたか。いずれもノーである。

それどころか、反対に、学校では英語の授業をなくし、一般社会においては、敵国語の英語を使うことを禁止し、日本語に浸透している英語起源の言葉の使用を禁止し、英語のラジオを聞くことを禁止した。これらは孫子の言う「彼を知る」ことにはならず、逆のことをしているわけなのだ。

3. 組織の二元性

政府における二元性

明治憲法下では、内閣総理大臣と各国務大臣とは同格の地位にあった。外務大臣や陸軍大臣が総理大臣の意見に反対すれば、総理大臣は当の外務大臣や陸軍大臣を罷免できない。意見不一致で内閣は総辞職するしかない。あるいは当の外務大臣や陸軍大臣を外して改めて組閣するしかない。また、陸軍や海軍が陸軍大臣や海軍大臣を出さないと言えば、内閣は組閣できない。内閣の途中であれば、内閣は瓦解する。

これでは何のための総理大臣、内閣なのか分からない。総理大臣のリーダーシップは果たされない。特に陸軍大臣や海軍大臣との関係で言えば、政治の軍事への優先がないことになる。クラウゼヴィッツ流の「政治の他手段としての軍隊、戦争」という原則から外れているのである。逆に、陸軍大臣や海軍大臣や軍部は総理大臣に従わなくともよい。しかも軍隊をどう動かすかの統帥権（参謀本部、軍令部）も内閣の下にはない。軍部の予算面については内閣に属するが、統帥権は天皇に属する。これも総理大臣が政治の主導者としては、クラウゼヴィッツ原則から外れることになる。

戦争に向けての予算は内閣や陸軍大臣や海軍大臣が行うが、軍隊をどのように動かして戦争するかは参謀本部（陸軍）、軍令部（海軍）が行う。これでは、国家として、統一ある戦争指導はできない。ちぐはぐな行動となる。そうならないように、戦争の場合には、内閣と軍部指導部とのすりあわせ会議が行われる。これを大本営とか、政府・軍部連絡会議とか、戦争指導会議とか言うが、こういうところで重要議題が充分に討議され、効果ある対策が出ようはずもない。

こうした状況が太平洋戦争を敗戦に導いた最大の癌《がん》であった、と指摘するのは渡部昇一である。このような指揮命令系統の複雑な状況を、渡部は「命令系統なき戦争指導こそ昭和最大の悲劇」「リーダーのいない〝二重政府〟の悲劇」と述べ、すりあわせ会議のことを「有名無実の〝大本営〟」「茶飲み話のような〝最高戦争指導会議〟」と揶揄《やゆ》している（『昭和の大戦」への道』）。

クラウゼヴィッツ流から言えば、このような明治憲法下の内閣、陸軍、海軍、参謀本部、軍令部の系統は完全に間違っている。天皇⇩内閣総理大臣⇩陸軍（参謀本部）、海軍（軍令部）となっていなければならない。クラウゼヴィッツの流れを汲むプロイセンにして、その憲法がそのように命令系統が錯綜《さくそう》するものであって、それを明治憲法が真似たのであるから、明治憲法が命令系統の錯綜するものになったのは、致し方ない面はある。

それにしても、明治憲法下で、当時の体制がクラウゼヴィッツ流に反するものであり、戦争指導に支障を来すから、これを改めるべきである、との意見が起こりそうなものだが、ついに起こらなかった。いかに日本人が戦略に疎いかの証明であった。少数者はいたであろうが。天皇の権威が強かったために、その憲法に対して異を唱える者はいなかった。この憲法体制のもとで、戦争の結果、敗戦を迎えたことは、指示・命令系統の錯綜する明治憲法の欠陥を証明することになった。

軍部における二元性

陸軍においては、ドイツの影響が強く、参謀本部が絶大の権力を有していた。だから参謀本部は陸軍省と対等であった。その長官どうし、すなわち参謀総長と陸軍大臣とは対等であった。人事はこの二者に教育総監を加えた三者の協議によって決められる、ことになっていた。予算と軍政は陸軍省、統帥権は参謀本部というように権力分立、機能分化していた。ここでもクラウゼヴィッツ流の政治の他手段としての軍隊、戦争という原則から外れているのである。

海軍においては、イギリスを模範としていたから、イギリス流の関係となった。つまり海軍大臣が一番偉くて、その下に軍令部総長がいた。軍令部総長も海軍大臣の任命による。ここでは、クラウゼヴィッツ流の考えはかろうじて維持されている。

組織自身がこういうように違うこともあり、予算の獲得においても、分捕り合戦が常に行われ、歴史上の個々の局面においても、考えが違い対立するようになる。三国同盟締結に際しては、陸軍は賛成、海軍は反対であった。太平洋戦争の始まる前の開戦是非では、陸軍は開戦賛成、海軍は開戦反対であった。開戦が決まった後の開戦後半年の戦略についても、陸軍は攻勢、戦線拡大であったが、海軍は守勢、戦線不拡大であった。

大まかにはこのように予算獲得や政略については、軍部の二元性が言われるが、戦略、戦術の作成については、陸軍（参謀本部）、海軍（軍令部）、連合艦隊の三元性があった、とするのが杉之尾宜生である。実行部隊である連合艦隊は軍令部に従うべきであるが、山本五十六長官の独自性ゆえに、自ら作戦部署となり、作戦遂行は錯綜していった（『大東亜戦争敗北の本質』）。

こういう状態であったから、作戦をすりあわせたりはしたが、互いの相手の作戦を知る目的のためであり、陸軍と海軍が共同して、ある作戦を敢行することもありえなかった。小室直樹が指摘するごとく、空母に陸軍戦闘機を乗せる発想も出なかった（『日本の敗因』）。あることで両者の妥協が図られることはあったが、それは戦争の勝利のためでもなかった。両組織の衝突を回避するためのものであって、国家の損失を回避するためとかであって、戦争状況を好転させるものではなかった。

4. 組織の腐朽化

明治日本と昭和日本の差

日清・日露の戦争で勝った明治の日本軍と、太平洋戦争で敗れた昭和の日本軍とでは、何が違うのか。このことは重要である。①明治の軍隊では、実戦経験ある元勲が存在したが、昭和の軍隊では、存在しなかった。②明治では自国は非力であるとの認識があったが、昭和では自国は大国であるとのとの認識があった。③明治では複数の大国に自国支援の根回しをしていたが、昭和では複数の大国を敵に回すことになった。④明治では孫子やクラウゼヴィッツの兵法を尊重したが、昭和では孫子やクラウゼヴィッツの兵法を無視することになった。⑤明治では情報を重視したが、昭和では情報を軽視した。⑥明治では力の行使に対して抑制的であったが、昭和では力の行使に対して積極的になった。⑦明治では軍人幹部の登用法として、一部能力主義があったが、昭和では大学卒業成績による順送り人事となった。

ここから言えることは、明治では幕末から明治維新への実力主義の風潮が残っていて、ほぼ敵対型文明になっていたのに、昭和に入ってからは温和型文明にどっぷり浸かっている、ということである。一見外国に対する接し方だけから見れば、明治よりも昭和の方がより敵対的ではないか、と思う人がいるかもしれない。敵対型文明、温和型文明とは、外国に対して攻撃的に出るか、出ないか、によって決まるのではなく、第1章第3節「敵対型文明と温和型文明」での定義と特徴によって決まるのである（疑問に思う読者はその箇所確認のこと）。

太平洋戦争になぜ負けたのか、この点に関して、上記の比較で重要なのは①から⑦まですべてではあるが、ここで採り上げるのは⑦軍人幹部の登用法である。つまり人材登用法、人材処遇法である。いや組織の在り方と言った方がよいであろう。官僚制、それも「腐朽した官僚制」（rotten buerocracy）の問題である。この言葉を使ったのは小室直樹である（『日本の敗因』）。太平洋戦争に負けた要因として、軍隊が腐朽した官僚制に陥っていたことを挙げる人は多い。こうした「腐朽した官僚制」のもと、第3節で検討することになる、「戦略立案での誤り」「兵站《へいたん》重視の発想なし」が常態化することになる。このことを新野哲也は「官僚化して機能不全に陥った日本の軍部」と表現している（『日本は勝てる戦争になぜ負けたのか』）。

将軍の処遇が年功序列

将軍の人事を、過去の戦績や能力によってではなく、軍学校での卒業時の成績によって処するというのは、腐朽した官僚制の最たるものである。それは平時においては難なく機能するが、戦時においてもこれを踏襲するのが、腐朽した官僚制たるところである。それによって、能ある将軍が要職に就けず、能なし将軍が要職に就いて、敗戦を喫することになる。一番良い例は、日本軍最高の戦略能力に秀でた石原莞爾《いしわらかんじ》が軍トップになれず、事務方秀才の東条英機がトップになったことである。この人事システムによって、日本は敗れた、と言っても良い。

具体的個別の戦闘で言えば、ハワイ作戦とミッドウェイ作戦で、水雷戦の権威・南雲忠一中将が航空隊司令長官となり、航空戦の権威・小沢治三郎中将が水雷戦を主とする南遣艦隊司令長官となったことなど、その筆頭である。案の定不得意であるがゆえに、さらには優柔不断さが加わり、決断が間違ったり、遅れたりしたりして、ハワイ作戦では、第2撃をせず、アメリカ軍に徹底的打撃を与えるには至らず、ミッドウェイ作戦では主力の空母4隻を一度に失うことになる。小室直樹は、山口多聞少将がなるべきであった、と主張している（『日本の敗因』）。山本五十六大将も南雲、小沢の配置を是としたとのことであり、ここからは山本の資質にも？がつく。

新野哲也によれば、軍人エリートたちは入軍後、「軍令承行令」によって、抜擢《ばってき》や降格もなく、「親補職制度」によって、他の者によって罷免されることも、引責辞任する必要もない存在で、トコロテン式に昇進していく。それであるから、軍人としての有能さは要求されず、ほとんどの軍事エリートが無能であったし、おまけに昭和軍人には武士の気概が欠落していた、とする（『日本は勝てる戦争になぜ負けたのか』）。

失敗してもトップエリートにお咎《とが》めなしの例としては、連合艦隊の福留繁副参謀長が捕虜になり、機密書類を敵に渡してしまう、という大失態があったが、福留がお咎めを受けることはなかった。それよりも、そのことによりレイテ海戦敗戦に繋《つな》がるのである。その他、組織硬直化の例としては、軍団の編成が勅令で決められるため、現地で応変に編成できなかった、という指摘がある（大石久和『「国土学」が解き明かす日本の再興』）。

組織の腐朽化による作戦の歪化、劣化

軍隊という官僚組織の腐朽化が起こり、将軍処遇が年功序列によって行われるようになると、太平洋戦争での戦争指導のあらゆる側面で、作戦の歪化、劣化が生じてくる。例えば、①重要事項を決定できない事態が発生する（松本利秋『なぜ日本は同じ過ちを繰り返すのか』）。②意志決定が遅くなる。無能な軍人が多く、組織として帰納的集団的意思決定するので、どうしても後手後手となる（吾

郷喜重『海軍と経営』）。③目的と手段の逆転であるフェティシズムに陥る（小室直樹『日本の敗因』）。④天才部下の具申が採用されず、勝てる戦いも勝てなくなる。ハワイ攻撃の後で、第二回攻撃を具申した山口多聞少将の意見が却下され、アメリカ軍を早く蘇《よみがえ》らせることになった。⑤目的と手段の転倒や、合理主義がなくなると、精神主義を打ち出すようになる。「生きて虜囚の辱めを受けず」はその最たるものとされる（小室直樹『日本の敗因』）。

⑥現地軍の独断専行が普通となる。クラウゼヴィッツ流には、現地軍は中央からの指令に服さねばならないが、昭和では陸軍士官学校で、「（現地の）指揮官が適時適切に動け」と教えていたようだ。その結果、「現場が全責任を負って事を進め、上に立つ人はほとんど責任を負わない無責任体制ができあがった」（日下公人『闘え、日本人』）。

満州事変においては、中央の命令がない中で、現地の日本軍が独自の観点から、鉄道を爆破して、それを敵の仕業として、敵を押さえ込むために、全土を支配領域とするため行動を起こしている（柳条湖事件）。支那事変においても、盧溝橋《ろこうきょう》事件の真相は謎ではあるが、中央の不拡大方針を無視して、それをきっかけに現地軍はずるずる拡大行動を続け、エンドレスな日中戦争へと引きずり込まれていく。いずれにおいても、政治が軍部の行動を追認せざるをえなかった。ここでは、政略⇩戦略⇩戦術という図式はまるでなく、クラウゼヴィッツ流の一国政策を実現するための政府と軍隊というものでは断じてなかった。

戦後経済成功との関係

こういう組織であったから、それは端的に、代表的に軍部において現れていただけであって、同時代の他の組織、例えば経済組織にも現れていたはずである。それは戦後躍進を遂げた経済組織においても同じであった。このことを小室直樹は「経済官僚に受け継がれている軍事官僚の病」と表現している（『日本の敗因』）。この立場とは少し違うが、海軍での組織体質が戦後の経済組織にも活かされて、それが経済成功に繋がった、とするのは吾郷喜重である（『海軍と経営』）。戦後経済の成功についての組織の在り方については、別途検討が必要である。

第3節　太平洋戦争に戦略なし

1．計画なしに開戦した

第2節では、日本人と戦略についての概略を見たが、本節においては、太平洋戦争に限って、日本軍が戦略、特に作戦立案について、どのように取り組んできたのか、検討する。

準備なしに戦争を始めた

準備なしに戦争を始めたとするのは谷沢永一である。谷沢永一が根拠とするのは『孫子』計編冒頭の有名な言葉「兵は国の大事にして、死生の地、存亡の道なり、察せざるべからず」である。戦いは軽々しく始めるべきではない、とする（『孫子の兵法』）。本人は具体的事実を指摘していないが、ハル・ノートを受け取って、最後通告と理解し、途端に憤り、戦争に走り出した、ことを指しているものと思われる。

ハル・ノートを受け取って、すぐに動くべきではなかった、とするのは小室直樹である。ハル・ノートとは敵対型文明国の常套手段の「ブラフ」（威嚇）である。当時の日本人はそれがブラフであることに気づかなかった。温和型文明国の外交音痴なのだ。ハル・ノートをブラフだと理解し、それをそのまま受け入れる。そして、ハル・ノートの提案を初期条件として、ノートに書かれていない期日や方法について、新たな交渉を開始する。こうして時間を稼ぐことができる（『アメリカの逆襲』）。その間に戦争計画を立てて、十分な準備の後に、アメリカと戦争してもよいし、交渉がうまくいって、戦争回避となるかもしれなかった。

そして何よりも当時の政府も軍部もアメリカの情勢把握がまるでできていなかった。戦略立案過程における外的環境の把握のことである。これから対戦するかもしれない相手国の政情を知らねばならないのに、その発想がなかった。小室直樹が言うがごとく、スパイを送らなくとも、公表されている情報を分析するだけで、ルーズヴェルトの弱みを把握できたはずである（『アメリカの逆襲』）。それが分かれば、日本がわざわざアメリカに一撃を加えなければ、アメリカは参戦できない、ことに気づいたはずである。

ハル・ノートの提出を受けて、日本は戦争のグランド・デザインなしに、ヒステリックに戦争に突き進んでいったことを、多くの論者が認めているし、論じている。戦争を始めるには彼我の戦力比較もしなければならないが、それをしたところで、国力でのアメリカ対日本では、10対1であったが、それでも突き進んだのは、衆目の一致する見方では、ヨーロッパでのドイツ軍の勝利を信じたがためであった。ヨーロッパでのドイツ軍の勝利によって、太平洋においても日本が勝利できる、と安易に考えていた。つまり他力本願である。

こうした状況であったので、終末を考えずに戦争開始するという無謀なものであった。クラウゼヴィッツ『戦争論』には、戦争の終末を考えてから、戦争を開始しろ、という思想がある。太平洋戦争においては、①クラウゼヴィッツの考えが顧慮されず、②急いで応戦となったために、かつ戦争の目的と目標が曖昧《あいまい》であったために、③こうした目標を達したところで、延々と戦争を続けることに繋《つな》がった。

戦争計画はなかった

ただ事実としては、グランド・デザインに相当する（擬せられる）ものが次々と作られたが、それらは本当にグランド・デザインであったのか、なぜ次々と変容していったのか、を調べる作業は重要である。

擬せられるもので、開戦前に策定されたものは次の三つである。杉之尾宜生によれば、①は非公式で、②は作戦計画で、③は戦争計画である。クラウゼヴィッツでは、戦争計画は軍事機構ではなく、必ず政府によって作られるべきである。しかるに、この三つはいずれも軍事部門によって作成されている。

①「対米英蘭戦争指導要項」(陸軍省軍務局軍事課の石井大佐作成、41.10、非公式)

②「対米英蘭戦争開戦に伴う陸海軍作戦計画」(41.11.5)＝オランダ領東インド、イギリス領マラヤ占領を企図

③「対米英蘭蒋戦争終末促進に関する腹案」(陸軍省軍務局軍事課作成、41.11.15)＝「帝国は迅速なる武力戦を遂行し、東亜および西南太平洋における米英の根拠を覆滅し、戦略上優位の態勢を確立するとともに、重要資源地域ならびに主要交通線を確保して、長期自給自足の態勢を整う」

戦争目的については、これら以外に、「米英両国に対する宣戦の詔勅」(1946.12.8)があり、ここでは、戦争目的は「自存自衛」となっている。もう一つ、松岡洋右によって称揚され、東条英機によって活用された「大東亜共栄圏」では、大東亜地域から西洋の支配を駆逐する、これらの地域内での独立国家・民族が共存共栄する、ということが強調されている。これだけを考察しただけで、統一した戦争計画がなかったことが分かる。

戦争目的の不統一性

実際の軍部においては、三者三様であり、その計画は統一されていなかった。これからいけば、陸

軍の目的は東南アジアの占領である。海軍の目的はアメリカの打倒である。陸海軍の目的はかみ合っていない。

①陸軍参謀本部＝資源を確保した上での長期持久戦を志向

②海軍軍令部＝艦隊決戦による長期決戦を志向

③艦隊司令長官＝開戦冒頭の一撃で短期決戦を収めて講和に持ち込む（『大東亜戦争敗北の本質』）。

大雑把に言えば、次のようなことになるのではなかろうか。すなわち、事実陸軍はイギリスとオランダを打倒して、東南アジアを占領した。もちろん中国大陸では中国と戦っていた。しかし、太平洋の諸島に守備隊を送ったとはいえ、アメリカ軍とは面と向かって戦っていない。全51個師団のうち40個師団は中国在であり、太平洋在は11個師団のみであった。大きく言えば、海軍のみがアメリカ軍と戦ったのである。

一方アメリカから見れば、そのほとんどを海軍（その実体は空軍と言ってよい）に仕向け、日本海軍に立ち向かった。アメリカは10の力をまるまる海軍（空軍）に注いだのに対して、日本は10のうち3の力しか海軍に注がなかった。日本の7の力は中国と東南アジアのイギリスとオランダに注がれていた。太平洋戦争の根幹であるアメリカとの対決に日本は全力で当たっていない。

もしも日本が東南アジアの占領に向かわず、敵をアメリカ一つに絞って臨んでいればどうなったであろうか。陸軍もアメリカを敵として行動する。たとえばハワイに上陸占領する。アメリカ西海岸に上陸占領する。こうすればどうであろうか。違った戦況になったことは受け合える。

ともかく日本は中国とも戦い、イギリス、オランダとも戦い、さらにはアメリカとも戦った。アメリカは日本とのみ戦った。アメリカとまともに戦っても勝てるか分からないのに、力を分散してアメリカと戦った。これでは勝てるわけがない。

目的が陸軍の東南アジアと海軍のアメリカに分裂していた。そして結果的には東南アジアの占領は成功した。がアメリカの打倒には失敗した。その総合としての結果は、日本はアメリカ、イギリス、オランダ、中国との戦いに敗北したのだ。中国や東南アジアでの戦闘には戦術的に勝ったが、太平洋でのアメリカとの戦闘に戦術的に破れ、結果としての戦争には戦略的に負けたのである。

この有様はちょうどドイツが第一次世界大戦でヨーロッパの大半を占領しながら、戦略的に破れざるをえなかった状況と似ている。

戦争目的の不明確性

クラウゼヴィッツ『戦争論』には、まず「目的」(Zweck)を定め、そのために「目標」(Ziel)を定める、という思想がある。その考えはヘルムート・モルトケによって、実際の戦争、普仏戦争(1870-71)において使用された。ただ、日本において流布している用法は「目的はパリ、目標はフランス軍」というものである。しかし、ネットの論評(die Militärische)によると、モルトケの言葉から発していることは確かであり、その用法から言えば、「目的はフランス軍、目標はパリ」が正しい、ということになる。この解釈によれば、戦争の目的とはその戦争に勝利することによって国家の意志を実現することであり、戦争の目標とはその勝利のために軍隊が目指す終着点である。

太平洋戦争で日本の国家目的は何であったか。中国の打倒であったのか。東南アジアの占領であったのか。あるいはイギリス、オランダの打倒であったのか。はたまたアメリカの打倒であったのか。またはアメリカとの戦闘の回避であったのか。真珠湾攻撃の事実は棚上げして検討してみる。

歴史的な流れの本筋で言えば、

①日本による中国への侵攻、その占領、打倒、日独伊三国同盟の締結（1940.9）
⇩②アメリカによる①への反対、批難、石油禁輸などの対抗措置（1941.7）
⇩③それを緩和させるため日本によるアメリカとの交渉本格化（1941.7）
⇩④アメリカによる日本への、中国全土などからの全面撤退などの要求（1941.11）
⇩⑤日本によるアメリカとの交渉の打ち切り（1941.11）
⇩⑥石油など資源を求めて、日本による東南アジアの占領
⇩⑦そのために日本によるイギリス、オランダの打倒
⇩⑧日本によるアメリカの打倒

ということになろう。

ここで、③から④の段階で、歴史的事実としては、アメリカの要求を聞けないので、⑤交渉を打ち切って、⑧日米開戦へと日本は動くわけだが、要求を聞かないとしても、そのまま時間かせぎのために、交渉を継続しておいて、その間に、上記の⑥と⑦の実効に及ぶという手があった。要求を聞かな

いからといって、アメリカが日本に攻撃することは、下記の状況から言っても、ありえない。アメリカからの攻撃をさせないためにも、のらりくらりと交渉を続けておけばよかったのだ。

また、⑦から⑧へは必然ではない。⑦において、日本がイギリス、オランダを打倒しても、日本が真珠湾攻撃しなければ、アメリカが参戦してくる可能性は低い。ルーズヴェルトは参戦しないことを公約にして当選しているし、アメリカとしての実害はないので、それはほぼありえない。つまり⑦のままで留まり、⑧を行わないこともありえた。

⑦の段階で、イギリスを打倒すれば、アメリカが参戦する動きを見せていれば、イギリスを打倒せず、オランダへの宣戦布告だけでよかった。この場合は、イギリス領のマライ、シンガポール、ボルネオ北部、ビルマへは侵攻しない。オランダ領のスマトラ、ジャワ、ボルネオのみへの侵攻のみとなる。こうすれば、アメリカとの対決は避けられる。

日本としての国家目的は何だったのか。それによって、目標は異なる。

（A）国家目的が中国の占領と打倒、そしてアメリカとの衝突を避ける、ということであれば、①～③の後、④の要求を受け入れず、⑤を行わず、⑥、⑦のみを実施する。同時にアメリカからの攻撃も予想されるために、他方ではその準備も行う、ということになるであろう。この場合、アメリカの参戦を避けるためには、イギリスを敵にせず、オランダのみを敵とする。この場合、目標はバタヴィアとなる。

（B）国家目的がアメリカとの衝突を避ける、ということのみであるならば、④の段階でアメリカの要求を受け入れて、中国からの全面撤退をすればよい。このことは言うは容易いが、現実には日本人の情緒主義の壁に阻まれる。次項２の中「戦術決定で伝統に囚われる」参照。

そしてこのアメリカの要求を受け入れるか、受け入れないか、の判断は非常に重要であり、受け入れないとなれば、アメリカを敵とし、さらに南方領土を持つイギリス、オランダを敵に回すことになる。既に中国とは戦争しているので、いわゆるＡＢＣＤ包囲網を築かせることになる。つまり、このことにより、次項の「日本は弱者なのに強者の戦略を採った」ことに繋《つな》がるのである。

アメリカの要求を受け入れて、石油禁輸を解除させれば、アメリカと戦わなくとも良いばかりか、南進して石油を確保する必要もない。そうすれば、日本本来の敵であるソ連を叩くことができるのである。この場合、ソ連を西からドイツが、東から日本が攻めるので、ソ連を崩壊させることができた。この場合の目標はネルチンスク当たりか。あるいはイルクーツク当たりか。

（Ｃ）国家目標が、何かにつけて日本の邪魔をするアメリカを打ち負かすことにあるとすれば、上記行程でいけば、①から⑧へと直進することになる。この場合、日本とアメリカの間には膨大な太平洋があり、さまざまな戦い方があり、どれを決め手にするかは難しい。少なくとも開戦冒頭のハワイの真珠湾を攻撃することは避けた方が良い。アメリカに参戦する口実を与えるだけだし、ハワイ島占領を目論むのでなければ、意味がない。占領したとしても、すぐにアメリカ軍に奪還されるであろうし、ハワイ作戦は無意味ということになる。

アメリカとの対戦が不可避な場合も、当方からアメリカを攻撃するのは避け、アメリカから攻撃させるのを待つのが良い。そのためには、守備を固めて、アメリカ領のフィリピンを攻撃、占領し、日本から日本が占領する東南アジアとのシーレーンを確保することが重要である。そうすれば、アメリカはフィリピンを奪還しに来るであろうし、そうすればその近辺での艦隊決戦も起こりえよう。東南アジアからオーストラリア、その近辺の諸島については、占領するのは石油の出るスマトラ、ボルネオなどオランダ領東インドくらいにして、それより東の諸島は占領の必要はない。

こうした場合、一つの目標に絞るのは難しい。三つくらいになるのではないだろうか。ｉ進出の目的たる石油など資源獲得のため、東南アジア地域の占領をする。目標はバタヴィア。ⅱもう一つはフィリピン占領。それによって日本と東南アジアとのシーレーンを確保する。目標はマニラ。ⅲさらに言っては、サイパン、グアム、硫黄島などの要塞化。そこを占領されて、そこからの日本の空爆されるのを防止する。目標はサイパン。

（D）実際の日本軍が行ったことは、前段のｉに関しては、西はビルマまで攻め入っている。イギリスを叩くということであろうが、兵站《へいたん》が続かない。東へはニューギニア、ラバウル、ソロモン諸島、ギルバート諸島、ウェーク島などまで守備隊を派遣している。これまた兵站が続かない。これら地域への進出の意味はないし、兵站が続かず、兵隊たちを無駄死にさせるだけである。これらの地点は攻勢終末点を超えている。

ⅱについては首尾良くフィリピン占領に成功する。しかし、シーレーンの確保ということに関しては、駆逐艦や潜水艦の効果的使用をしなかったために、日本の輸送船がアメリカの潜水艦によって沈められていき、シーレーン確保は達成されなかった。

iiiについては、それをしなければならないという発想がそもそもなく、要塞化はされずじまいであった。そこから容易にこれら諸島がアメリカ軍に占領され、飛行場を造られて、そこから日本爆撃の航空機が連日現れることになる。

これらから分かるように、実際に日本軍が採った行動は次のごとくである。すなわち、目的自身が自覚されていなかったために、あるいは目的自体が無数に設定されたために、目標は定まらず、目的から逸脱する目標となってしまった。

日本は弱者なのに強者の戦略を採った

アメリカは国力、軍事力、経済力、すべての点で日本に優っていた。しかも相当な差をつけてである。従って強者の戦略が可能であった。強者の戦略の主なものは、広域戦を選ぶこと、隔離戦を展開すること、確率戦を展開すること、圧倒的兵力で短期決戦を行うことである。アメリカ軍はこれらの戦略を実によく活用した。

それに引き換え、日本軍は弱者にもかかわらず、むしろ強者の戦略を採用した。上に挙げたアメリカ軍の戦略と同じもの、すなわち広域戦を選ぶこと、隔離戦を展開すること、確率戦を展開すること、圧倒的兵力で短期決戦を行うことである。弱者である日本軍が弱者の戦略を採用せず、強者の戦略を採用して勝てるわけがない。

アメリカ軍は、日本の関ヶ原の合戦に例えれば、徳川家康の東軍であった。日本軍は石田三成の西軍であった。アメリカも家康もこちらからはしかけず、相手からしかけるようにさせた。軍事、外交、経済など、勝つために打つべき手はすべて打った。

弱者の戦法としては、強者に不満を持つ他の弱者と連携、連合して強者に当たる方法がある。歴史上も対ナポレオン戦争での連合国、第一次大戦での連合国、第二次大戦でのヨーロッパでの連合国など、連合国が強国を打倒してきた。太平洋戦争においては、日本は連合どころか、アメリカ、イギリス、オランダ、中国を敵にした。ここでもこれら連合国が勝利した。

2. 戦略・戦術立案での誤り

情勢判断抜きに戦略立案する

軍部は太平洋戦争中、戦争計画と言うべき「今後採るべき戦争指導の大綱」を4回作成している（① 42.3.7、② 43.9.30、③ 44.8.19、④ 45.6.8）。そのいずれにおいても、杉之尾宜生によれば、情勢判断してから作戦方針を決定するのではなく、いきなり作成方針を決定するもので、情勢判断は後付けであった。①ではそれでもうまくいったが、②、③、④においては、もはや戦争計画というものではなく、単なるペーパーに随していった（『大東亜戦争敗北の本質』）。これは「情報重視の発想なし」がしからしめるところである。

情勢判断の誤り

次に、上記のように情勢判断なくいきなり作戦決定するのではなく、情勢判断はするにしても、その情勢判断がおざなりになっている事例である。中山治によれば、情勢判断において、日本軍は根拠のない①呪術、②思い込み、③希望的観測に基づいて判断しがちで、厳しい現実情勢の把握が困難となる。そうしたことを避けるためには、合理主義精神と情報操作を疑う精神が必要である（『戦略思考で勝ち残れ！』）。

戦術決定で伝統に囚われる

『孫子』では、固定した戦術や硬直化した用兵理論を採らない。換言すれば、臨機応変な柔軟対応を重視している。日本軍は臨機応変でない、硬直な対応を執りがちで、その大きなものは従来からの伝統的戦法に拘る、ということである。それを日下公人は「通説を盲信する危険」と呼び（『人間はなぜ戦争をするのか』）、中山治は「〝過去の反復〟への固執」「慣性の法則」と呼び（『戦略思考ができない日本人』）、大石久和は「ルールを変えられない日本人」「刷り込みに拘束される日本人」と呼ぶ（『「国土学」が解き明かす日本の再興』）。

これは時代や戦争状況が変わっているのに、それに臨機応変に合わせない、ということであり、変化に対応しない、できない、ということである。また、戦史に学ばない、失敗に学ばないということでもある。失敗に学ばないということに関しては、第５節「日本人に失敗の検証なし」で解剖することになる。

この伝統戦術に拘った事例としては、陸軍では、日露戦争で成功した包囲殲滅《せんめつ》戦を、ノモンハンやインパールなど、幾多の失敗にもかかわらず、終戦まで守り通したことが挙げられる。太平洋戦争終結時まで年中行事のごとく繰り返した。海軍の事例としては、日露戦争での日本海海戦で完全勝利した艦隊決戦に拘泥することになる。世は航空機の時代となっているのに、それに対応した作戦を採らず、大艦巨砲主義を唱えることになる。

なぜ日本軍は時代に即応した新しい戦術を採用し得ず、硬直した、従来型の戦術しか取り得ないのであろうか。中山治は次のことを指摘する。すなわち、「純粋農耕民メンタリティー」が背景にはある。このために軍隊、官庁、企業といった機能集団が「共同体化」する。「調整型リーダー」が生まれ、その政策決定は「空気」に呪縛《じゅばく》される。共同体の既得権益と衝突しないように、戦略も曖昧《あいまい》で、中途半端なものになる（『戦略思考ができない日本人』）。

大石久和は次のように指摘する。つまり、敵対型文明の軍隊では、同じ方法で戦闘すれば、手の内を読まれて、新たな方法でやられることがあるので、ルールを変えていくのが慣例となっているが、温和型文明では戦闘が少なく、そういうことがないので、ルールを変更するという慣例がない。それどころか日本では、伊勢神宮の式年遷宮、京都の豆腐屋のように、根本と考えるような原則を変更することは、レーゾン・デートル（存在意義）がなくなってしまう、と感じる（『国土学』が解き明かす日本の再興』）。

　また、過去の犠牲者に対する同情心が民族全体に残るので、それに関する変更はなかなかできない（情緒主義）。それが「大陸に散っていった10万の将兵に顔向けができるか」として現れる（同上）。この意味するところは深刻である。すなわち、１の中「戦争目的の不明確性」の中、（Ｂ）の国家目的（アメリカとの衝突を避ける）を実現するためには、中国からの全面撤退をすれば良いのだが、この情緒主義が壁となって、実現できない。合理主義に徹して、中国から撤退すべきであった。それができないのが、温和型文明の情緒原理主義（第４章第１節参照）の制約であった。東条英機は情緒主義に溺れた軍人であり、彼を指導者に抱いた日本は不幸であった。

明確な一つの戦略・戦術を採れず

　戦略・戦術立案での最大の問題は、太平洋戦争中、常に戦略・戦術が折衷的、状況的、場当たり的であり、明確な一つの戦略が採れなかったことであり、それは大局観の不在ということでもあった。そのようなやり方を吾郷喜重は次のように言う。つまり、「状況主義とでも言えるもので、現実の状況や四囲の様子に合わせて、直感的に決めるというやり方である。どちらかと言うと帰納的である」（『海軍と経営』）。

　例えば、初期の頃、マレイ、東インドを押さえた後、西太平洋のどの辺の島々を押さえるかでは、兵站《へいたん》のことを考えず、やみくもに広範囲に、守備隊を配置してしまう。その結果が兵站が追いつかず、守備隊の餓死や玉砕が生じてしまった。

また、ミッドウェー作戦では、ミッドウェー島と敵機動部隊の二兎を追うことになり、フィリピン沖海戦では、上陸部隊を叩くと同時に敵艦隊と決戦する、という二兎を追うことになり、いずれにおいても中途半端な作戦となり、結果的に二兎を取り逃がすことになった。これは「二兎を追う者は一途も得ず」という狩猟民族の格言を実証してしまうことになった。

吾郷喜重によると、このような折衷的、状況的、場当たり的なやり方は、自国の兵力、国力が相手国の兵力、国力より大なるときは、うまくいく。反対に自国の兵力、国力が相手国の兵力、国力より小なるときは、うまくいかず、行き当たりばったりの悪い面が出る（『海軍と経営』）。

3. 兵站重視の発想なし

兵站の発想なし

兵站《へいたん》（補給、ロジスティックス）は戦争の重要な要素であり、『孫子』『戦争論』ともに採り上げているが、重要な項目として章や節としては採り上げていない。敵対型文明では、戦争の目的が略奪の場合が多く、その場合は敵地で調達となる。とはいえ、敵方の抵抗、地形、風土、その他の要因から、敵地で調達できないことも多々あるので、当方が兵器、食料、野営用具、などを輸送することになる。戦史上も兵站が整わない、追いつかない、ことから、戦争に敗れたり、攻め込みから撤退することは数多く存在する。例えば、アレキサンダー大王の東征、ナポレオンのロシア遠征、ヒトラーのソ連侵攻、ロンメルのアフリカ戦役、などなど。

太平洋戦争の場合、中国大陸、インドシナの奥地に攻め入ったり、日本から遠く離れた南・中太平洋の諸島に守備隊として入るわけであるから、兵站が一番重要であることは分かり切っている。だから、そこに攻め込むか、その島に上陸するかは、全体の作戦から見て重要との観点から決定するのではなく、兵站が成り立つかの観点から決定すべきであった。

にもかかわらず、兵站はまったく顧みられなかった。その理由は、日露戦争以後の、作戦を決めるのは作戦担当であって、作戦担当がエリートであって重視され、情報担当、兵站担当は軽視される、という軍部内の慣例によるものであった。情報軽視の上での作戦決定、兵站軽視の上での作戦決定が日常化していた。それには、上記で論じた「従来の伝統に囚われる」、第５節で論じる「日本人に失敗の分析なし」が、輪をかけることになった。

さらには、従来の方法では兵站は無理であれば、そうした中で「新たな状況下での新発想」も出なかった。従来の輸送船による補給が不可能ならば、航空機による空輸もあってもよさそうであるが、それも出なかった。アメリカ軍は太平洋の孤島には、航空機によって缶詰を投げることで、兵站を確保していた。その発想は日本軍にはとんと出なかった。

例えば、ノモンハン事件、南京攻撃、漢口攻撃、ガダルカナル上陸、インパール作戦、その他太平洋の小島などなど。これらではどういう事実が生じたであろうか。兵站が追いつかず、食料が届かずに、戦うより前に兵隊の命が尽きる、ことが生じた。餓死者が続出した。餓死、栄養失調が出れば、戦闘どころではない。新野哲也によれば、「南太平洋戦線に借り出された将兵は、敵弾ではなく、餓えに斃《たお》れた」し、「南太平洋戦線で50万人近い将兵が死没しているが、大半は餓死である」ことになった。

これらを指摘した論者は多くあるが、例示すれば、小室直樹『日本の敗因』、新野哲也『日本は勝てる戦争になぜ負けたのか』、杉之尾宜生『大東亜戦争敗北の本質』、宮崎正弘「大東亜戦争の敗北の要因」などがある。このうち、日本から南海の戦場への兵站確保の可能性、いわゆるシーレーンによる可能性を追求したのは杉之尾宜生である。また、日本の敗因の中で最大のものとして、兵站のなさを指摘するのは宮崎正弘である。

攻勢終末点

クラウゼヴィッツ『戦争論』には、「攻勢終末点」の思想がある。自然地形の在り方、本拠地からの距離の長さ、軍隊の人数、兵站の届きうる範囲などから、それ以上は進撃できない地点が出てくる。それが「攻勢終末点」である。であるから、それを超えて進撃することは兵站がなりえないし、そこまで進んだ軍隊は多くが餓死することになり、余力があれば反転せざるをえなくなる。

日本軍がガダルカナルまで侵攻したとき、石原莞爾《いしわらかんじ》はその妥当性を聞かれたが、攻勢終末点の観点からガダルカナル攻勢を批判した、と言う（新野哲也『日本は勝てる戦争になぜ負けたのか』）。

そもそも相手が広大な領土を保有しそれを守るために守備隊を各地に点在させているとき、当方が強力な部隊で順次これらの守備隊を打ち負かしていくのは理の当然である。太平洋戦争もこの理論が当てはまる。広大な領土を有して守備隊を各地に点在させているのは、当初アメリカ、イギリス、オランダである。ほとんど領地らしきものを有せず、従って守備隊を持たず、攻撃に専念できる中核の軍隊を持つ日本は、順次各地に点在する守備隊を破って行けばよい。それが進むと、占領地に日本も守備隊を配置していかねばならない。そして守備隊を配置し終わって中核の軍隊がなくなるときが攻勢終末点である。今度は反対に新兵力を結集したアメリカ軍が日本の守備隊をけちらして行くことになる。だから緒戦における日本の勝利、半ばからのアメリカの勝利は、攻勢終末点の観点からは、半ば規定どおり、理論どおりなのである。

第４節　日本人に危機意識なし

危機に対する文明の違い

新型コロナウイルスへの対処法が、西洋や中国などの大陸の敵対型文明国と日本の温和型文明国とでは大いに異なっている。前者では行政長の指示どおり、ロックダウンを行って、命令と罰則とで厳しい措置となる。日本においては、法律の措置に基づいて、基本的に要請であり、指示もあるが罰則はない。法体系が違うということもあろうが、それだけの問題ではない。

それは日本の地理と歴史の中に求められる。つまり、対馬海峡が案外の距離があって、それがために容易に外敵が侵入してくる状況にはなかったので、危機に面してそれをどう克服するか、という経験がなかった、ということが大きい。蒙古襲来に備えた、ということがあったくらいである。そういう難敵に遭遇したときに、ギリシア、ローマのように一時的にある人物に大権を与えて、ことが収まれば、その任を解く、という経験知や世間知が育たなかったのである。

前者では、難敵の排除が最大の課題として、その時の行政担当者が議会などから大権を付与されて(中国などでは自らそれを任じて)、大権をもって難敵と立ち向かい、終了後は大権の任を解く(中国などではその要はない)のに対して、後者では外敵の排除が最大の課題との意識が薄く、時の行政担当者がまるで平時であるかの感覚で、民衆の反発を警戒しながら、だらだらとことに当たる、ということになる。

前者型の西洋では、たとえ大権を付与するという手続きがなくとも、行政長は平気で国民に命令を出すし(典型例はイギリス・ジョンソン首相の外出禁止令)、国民は誰一人として反対の声を上げる者はいないのに対して、後者型の日本では、やれ私権や自由が制限されるの声が噴出し、それを気にしてか行政長もすみやかに大胆な政策がとれない。

前者にあっては、難敵の排除が最大の課題であって、それをなくさないことには、国民の生命や自由さえも危うくなる、それまでは個人の自由は後回しでよい、という基本認識がある。後者にあっては、そこまでの認識がなく、社会の安全と個人の自由が並立していけるような感覚(錯覚)があるようだ。日本の「温和型文明」は世界に誇ることができるもので、基本的にこれを評価できるが、こと危機管理ということでは、誠にお粗末であり、「敵対型文明」を見習わなければならない。

このような温和型日本の危機管理なしとも言うべきことに対して、敵対的文明のドイツ在住の女性ジャーナリスト、松原久子、クライン孝子、川口マーン恵美が警告を発し続けている。彼女たちから見れば、日本のノン・リアル・ポリテックスは危機感のない、何と弛んだ、子供の国みたいに見えるのであろう。日本人よ、危機管理、リアル・ポリテックスに目覚めよ、と声を大にして日本政治を批判し続けた。

アメリカの危機管理

大石久和によれば、西洋では「非常時モードの常備」は生活の作法のようなものとなっている。この意識が欧米の首都など最大都市圏の肥大化を抑止している。一カ所に集まり過ぎては、全体が脆《ぜい》弱《じゃく》となるのだ。戦争とか災害でその最大都市圏が被害を受けた場合は、遠く離れた第二、第三の都市圏で、その代替機能が作動するように企図されている（『国土が日本人の謎を解く』）。

また、法律上の手当も平常時からなされている。危機の場合の行政が支障をきたさないように、憲法または法律で、政権担当者トップの死亡などの場合、誰がそのトップの代わりになるのか、あらかじめ定めておく、ように規定されている場合がほとんどである。アメリカでは、大統領の代位資格者は18番目まで指定されていて、全員が「同時に同所にいてはならない」という規定まである。

アメリカでは、第一次世界大戦後、世界の中心を意識し始めて以降、各種の総合（政治、軍事、経済、文化など）研究所・シンクタンクが設立された。一般では、ブルッキングス研究所（ＢＩ）、アメリカン・エンタープライズ研究所（ＡＥＩ）、国際経済研究所（ＩＩＥ）などがあり、大学系ではジョンズ・ホプキンズ大学高等国際研究所（ＳＡＩＳ）、ジョージタウン大学戦略国際問題研究所（ＣＳＩＳ）などがあり、その他では政界・財界奥の院と言われる外交問題評議会（ＣＦＲ）などもある。

これらの研究所・シンクタンクが中心となって、アメリカの未来にかかわる危機問題を分析・検討してきたのである。日露戦争後、日本がアメリカの脅威であると意識すると、オレンジ計画と称する日本叩き潰《つぶ》し計画を練り上げてきた。その結果が、日本の大陸への進出への言いがかりをきっかけに、日本を対アメリカ戦に誘導する戦略であった。これらは将来の危機を現在から予想し、その危機をあらかじめ摘み取っておくことを意味している。

戦後の日本の高度成長、日米貿易摩擦があり、つまり戦後の日米経済競争に日本が勝ったときに、アメリカは同盟国日本を叩く戦略に出たのである。とはいえ、最初からアメリカの分析・戦略が最上のものではなかった。その第一弾は１９８３年のソロモン報告、１９８５年のプラザ合意、１９８９年のアルシュ・サミット、その結果として日米構造協議へと続く。その流れにおいては、アメリカからの日本の輸入を拡大させるために、非関税障壁を消去させ、アメリカへの日本の輸出を減少させるために、ドル安円高にもっていこうとした。

しかし、こうした政策はあまり効果なく、逆に円高によって、日本企業によるニューヨークのロックフェラー・センター・ビルやコロンビア・ピクチャーズを買収することになったため、アメリカ人の世界王者としての神経を逆なですることになり、ついにアメリカは決定的な日本叩きの戦略決定に迫られた。それは金融戦争であった。デリバティブ取引や１９９５年8月の日米独三国による為替への協調介入などがそれである。これによって日本のバブル崩壊は決定的となり、その後30年以上経っても元に戻らない。「失われた30年」が始まった。

我々はこの時期に軍事にはよらない日米戦争があった、とは思ってもいない。アメリカは、これこそ第二次日米戦争である、との意識でもって、日本に対応していたのである。ちなみにデリバティブの裁定取引で細工をしかけたのは１９８９年12月8日であったし、日米独の協調介入した日は１９９5年8月15日であった。12月8日といい、8月15日といい、これは明らかにアメリカが日本との戦争を意識しての行動以外の何ものでもない。

しかも、アメリカが具体的に何を仕掛けたかは明らかになっていない。アメリカとしては決して明らかにしないだろう。それでいて、アメリカの政府高官は、バブル崩壊以降の日本の政策を批判して、ああいう政策は採らないようにしよう、他山の石としたい、というような発言をしている。それには、何をとぼけた発言をしているのか、と日本人としては言ってしまいたくなるが、それよりも日本はなぜもっとバブル崩壊の原因や対策などを、もっともっと真剣に徹底的に検討しないのか、と日本政府や日本国民としても悔やまれる。

そういうアメリカも冷戦後においては、アメリカが最大の唯一の覇権国であったことにより、油断が出ていたのか、冷戦後の最大の敵が何であるのか、どこの国であるのか、は見えていないようであった。対中国ということでは、第二次対戦時からの経緯もあって、半ば腰折れ、まるで戦う意志も感じられない、感じであった。中国の甘言政策に乗せられていたが、ようやくサイバー攻撃、技術の盗み、新型コロナウイルス問題、ウイグル人権弾圧問題で目が覚めたのであろう。いよいよ強烈に中国を圧伏するにかかるであろう。

それまでは、日本に対しては、同盟国でありながら、まるで仇敵であるかのように、日本を執拗に攻撃していたのに、中国に対しては、トランプ大統領が攻撃を始めるまでは、攻撃らしい攻撃をしてこなかった。はるかに下の国だと見下していたこともあろう。何の対策を打ってこなかったことは致命的ミスであった。

とはいえ、アメリカは日本人の想像できないほどの凄《すご》い国であり、先見力、分析力、実行力は桁外れてあり、歴史に学ぶ、危機における原因追及力、分析力は我々日本人も学ばねばならない。

日本の危機管理

日本における危機管理はどうなっているのか。まずは戦前の日本軍隊はどうであったか。このことに言及している一人は小室直樹である（『日米の悲劇』）。「不確実性に対応できない日本軍は、軍隊ではなくなっていた」とする。例えば、普段はどうにかソコソコやっていても、危機にはオタオタしてしまって、どうしようもなくなる。危機においてパニックを起こし、有効に機能し得なくなる。日本軍は不確実性が低いときには有効に機能する。が、不確実性が高くなると、有効に機能し得なくなり、組織的欠陥が現れてくる、と断定する。

　次いで、戦後日本での国防問題では、自衛隊の置かれた危機意識をもとに、自衛隊幹部が発言することがマスコミの批判の的となり、辞任に追い込まれることが相次いだ。栗栖弘臣、竹田五郎、田母神俊雄である。これなどは温和型文明の能天気な、危機感まるでなしの国民の性質を現している。

　次いでは、戦後日本での経済的危機の状況を確認する。経済的危機とされるものとしては、石油危機（1973.78）、日米貿易摩擦（1970頃-90頃）、バブル崩壊（1990）、サブプライムローン事件（2009）、福島原発爆発（2011.3.11）、新型コロナウイルス蔓延（パンデミック、2020-）、中国脅威問題（2020-）などがある。

　その中でも最大の危機とされるのがバブル崩壊であろう。これを少し詳しく検討してみる。当初は「失われた10年」と言われた。その「失われた10年」の後に回復するかと思われた。しかし、あれよあれよと、そのまま時が経過し、気がつけば「失われた30年」となってしまっている。この30年の損失は日本にとっておまりにも大きい。

　バブル崩壊後、日本は上記のアメリカのような徹底した調査と対策を行ってきたのであろうか。国家の機関として、何々委員会や何々調査会が設置されたとも聞いたことがないし、その検討の結果、こういうことでバブルが崩壊した、その原因となった総量規制政策はすべきではなかった、その後経済を活性化させるにはこうすべきである、などの基本方針が国民に明らかにされることもなかった。誰も大したことも言わず、ただダラダラと対処療法的な政策を採り続けるだけに終始し、その結果が

GDPで中国に抜かれることであり、国民の生活がズタズタになることであった。

今からでも遅くない。日本は危機管理をアメリカに見習って、バブル崩壊のメカニズムを真剣に検討し、崩壊につながる政策を立案した官僚・政治家を断固糾弾することが必要である。これを機に、高級官僚には、その政策立案実施により国民に損害を与えた場合には、その責任を追及し、断固処断する制度を導入すべきである。官僚はいったん官僚に採用されれば、後は明らかなポカがなければ、安楽に出世でき、定年間際には関係団体に出向し、退職金を二重三重にもらえる、という生ぬるい仕事観が定着している。そんな意識と制度を取っ払うような人事の大改革をしなければならない。

新型コロナウイルス問題

この問題点として挙げれば、学校閉鎖問題、中国からの渡航者禁止遅延問題、緊急事態宣言発出へのもたつき問題、クラスター追跡法の崩壊、病床逼迫・医療崩壊問題、医系技官問題、コロナの2類指定問題、国産ワクチン製造の遅延問題、外国製ワクチン契約遅延問題、外国製ワクチン配布遅延問題などがある。

緊急事態宣言については、第1回目を出すために、法改正に拘って大幅に遅れることになった。特措法の改正が必要であるとして、与野党会談をして、その法律の成立過程を待つなどして（時間を費やして）、結果的に大きな決断と実行を後回しにしてきた。安倍首相は今まで何度も法解釈を変えることによって、強硬な措置を執ってきた（検事総長の定年延長任官などなど）。であれば、なぜその同じ手法を使わなかったのであろうか。

緊急事態宣言での措置は、人権抑制、行政に強い権限を与えるので、慎重にしなければならない、というこことなのであろうが、大事なことは、それを早急にしなければならない、ほどの時期に来ている、ということである。平時ではなく有事である、との認識が必要である。

立法で対応するならば、特措法の改正以外にも、検討すべきは災害時の対応を規定した法律の制定がある。諸外国では伝染病、感染症などを災害と見なして、それが起きた場合の対応をちゃんと規定していて、伝染病、感染症が起きた場合は、それに基づいて対応しているのである。これはすぐにできることではなく、平時のときに検討すべき課題である。

ここ2・30年、保健所の縮小統合を繰り返し、保健所などの経費を削減し続けてきたときに、コロナ問題が発覚し、クラスター追跡法の崩壊をきたし、保健所問題を再検討するきっかけを与えてくれた。

国産ワクチン製造が遅延し、当面は外国製ワクチンに頼らざるをえないことになったのは、日本が日頃からワクチンを軍事・危機管理の一環として捉えていない、ことを如実に示すことになった。21年度においてワクチン製造できた国家は、アメリカ、ヨーロッパ、ロシア、インド、中国などであり、いずれも軍事・危機管理の一環として追求している国々ばかりである。

さらには、最悪有事（軍事上、経済上）の際の場合と合わせて検討すべきである。感染症蔓延と外国有事（例えば、朝鮮半島有事、台湾有事）が同時に起こった場合（例えば、難民が押し寄せる）の対応も、考えておく必要がある。日頃からそういった場合を想定して、幾通りもの対応案を用意し、それぞれシミュレーションをしておくことや、そのための対策を幾段階に分けて練り上げておくことが必要である。

中国の脅威問題

中国の脅威問題が発覚したのは、民主党政権下、尖閣諸島で領海侵犯問題が発生したことから顕現化してきた。それ以降、尖閣諸島への常時威嚇侵入、中国千人計画問題の発覚、LINE問題の発覚、中国人らによる自衛隊基地周辺の土地買収の発覚など、脅威問題がクローズアップされてきた。

それにプラスするに、中国によるAIIBの設立、一帯一路計画の発表、新疆ウイグル人弾圧問題の発覚、南シナ海への領有権主張の断行、ホンコンへの国家安全法導入など、直接日本には関係ないものの、中国の積極的、拡大的、武断的政策を見るにつけ、日本の中国脅威論は高まっていく。

中国の「千人計画」とは、日本学術会議の6人の任命拒否問題に絡んで明らかになったもので、『週刊新潮』が3回にわたる特集をしたために分かったものであり、中国の科学技術を世界一に高めるために、学者を自国に招聘《しょうへい》したり、先進国の知識・技術・ノウハウを盗み取る巧妙なる計画であった。

中国がこのように他国の優秀な学者、研究者を招いたり、公然とあるいは隠然と他国の知識、ノウハウを移転（スパイ活動、サイバー攻撃を含む）などした結果が、中国の自然科学系論文数が世界一なのである。このニュースが報ぜられたとき、なぜだ、なぜそうなったのか、なぜ日本は順位を落としたのか、と日本の誰もが思ったものであった。それが今回の千人計画特集によって、そのカラクリが分かったのであった。このままでは、科学者の誰かが言っていたが、これからのノーベル賞は中国がほぼ独占するのではないか、日本からは出なくなるのではないか、ということになる。これは大きな脅威である。

ＬＩＮＥ問題が発覚したとき、ＬＩＮＥを使用する一般ユーザーは、無名の自分らのたわいのない会話が中国に読まれたとしても、物品などのＰＲパンフが届くくらいで、実害はないだろう、と高を括っていたようだ。こういうところが危ないところである。温和型文明人の平和ボケの能天気ぶりを現している。政府が、社会が、ＬＩＮＥを厳しく取り締まらなければならないし、全国民に向けて警鐘を鳴らさなくてはならない。

中国の脅威問題については、抜本的解決作があるのだが、平和ボケの日本人はそのことにほとんど気づかない。例えば、スパイ活動防止法の設立、インテリジェント機関の創設、中国人の不動産売買・登記の禁止などである。これらの話題が出る度に、そこまでする必要はないだろうとか、笑い飛ばすか、まるで真剣味がない。さらに軍事費増大などを言い出すと、極端な意見を出すな、との声が上がる。獰猛《どうもう》な敵対型文明国による侵略があるかもしれない状況下においてもこうである。

第5節　日本人に失敗の分析なし

失敗や歴史に学ぶ欧米人

このことを端的に表現した名言に、ドイツ帝国の宰相オットー・フォン・ビスマルクの言葉がある。すなわち、「愚者は経験から学び、賢者は歴史から学ぶ」である。これは「愚者は自分の経験から学び、賢者は他人の経験や歴史から学ぶ」ということであろう。

隣国と境を接して、常に攻めるか攻められるかを繰り返している敵対型文明では、負けることが常にあり、その度ごとに敗因を分析し、つまり「失敗の検証」をし、次回の戦争にはその敗因を活かして、どうやって相手国を打ち破るか、それのみを考えている、と言っても過言ではない。近現代における イギリス、フランス、ドイツなどの状況、太平洋戦争時や第二次大戦後のアメリカの度々の危機回避（ソ連に宇宙開発競争で敗れたとき、日本との経済戦争に敗れたとき、サブプライム問題発覚したとき、など）は、その現れである。

太平洋戦争時におけるアメリカの事例を引いてみよう。まずは、真珠湾攻撃とマレー沖海戦についてである。この二つの戦闘で、日本軍は空母と航空機中心で戦い、目覚ましい戦果を挙げた。そこでアメリカ軍は日本軍の成功から学ぶのである。これからの戦いは空母と航空機中心の戦いとなる。それには、空母機動部隊タスクフォースを形成するのが一番である。それをさっそく実行に移して、ミッドウェー海戦を始めとする海戦に勝利し続けることになる。

第二次大戦後はアメリカの天下となるが、それでも常に勝利を収めたわけではない。ベトナム戦争ではなぜか勝てなかった。その失敗の原因を究めようとする。それは兵力の逐次投入、メディアへの情報の垂れ流しなどが原因である、と分析する。そして次の戦争のときには、同じ過ちを犯さないようにする、ことになる。その格好の戦争は湾岸戦争であった。そこでは、大軍を集結させ、メディアの情報統制を行ったのは言うまでもない。そして勝利するのである。

日本軍は敵からも自軍の失敗からも学ばない

太平洋戦争の敗因については、民間組織ではなされていて、その一つの成果が戸部良一ほか６人『失敗の本質』である。この書はこの分野では名著とされている。だが、それを読むのは軍事学や経営学に興味のある人々だけである。この書が広く国民一般へと普及することを祈るばかりである。

日本軍が失敗から学ばなかったことについて言及しているのは、上記の本だけではない。小室直樹によれば、戦後連合軍のある指揮官は言った。すなわち、「我々は敗戦から学んで戦争のやり方を改善する。しかし、日本は決してそれをしない。いつも千篇一律。同じ戦法でやってくるから、すぐに手の内が見えている」。

日本軍は何回ひどい目に遭っても、決して反省しない。戦訓や前の戦闘から学習することをしない。なんとなれば、日本軍上層部は現実との接触を失っていた。だから現実に柔軟に対応する、ということがまったくできなかった。例えば、サイパンでもガダルカナルでも、戦車も自走砲もない中、正面からぶつかったら負けることは分かり切っている。穴を掘って地下に隠れて戦うしかない。アメリカ軍はマキン島、タラワ島でも、艦砲射撃を浴びせてから上陸してくる。それが分かっているはずなのに、水際撃滅主義に出て自滅してしまう（『日本の敗因』）。

新野哲也によれば、同じ失敗を何度も繰り返す将校の代表は辻政信と牟田口廉也である。辻政信はノモンハン、ポートモレスビー、ガダルカナル、インパール、フィリピンなどで作戦に加わっているが、いずれにおいても命令の改ざん、すり替え、奇策、無謀な作戦など、を繰り返し、何の反省もしていない。牟田口廉也も盧溝橋、マレー、インパールなどに加わるが、同様である（新野哲也『日本は勝てる戦争になぜ負けたのか』）。

日本人はなぜ失敗の反省をしないのであろうか。最大の原因は、日本が敵対型文明ではなく、温和型文明であるからなのだ。自民族が他民族によって、常時踏み倒される状況にないので、深刻な危機に陥ったこともないし、みずからのやり方を変えねばならない経験もない。さらには、日本的自然の中での農作業においては、一時的に天変地変によって、大打撃を受けることはあっても、来年や再来年には従来どおりの農法が使える、という安心感があるからであろう。

太平洋戦争敗戦後の検証

太平洋戦争敗因の分析、検証については、次のことを指摘できる。すなわち、本来であれば、国民各層から代表を出して、国民検討会議（糾弾会議）を開くとか、検討、分析、糾弾する組織（公の機関が無理ならば、民間での研究機関、シンクタンク）を立ち上げ、次のような問題をとことん追求することが必要であった。

今時大戦で負けたのはなぜか、世界を敵にする戦争に突入するようになったのはなぜか、それを避ける道はなかったのか、アメリカと戦わない選択肢はなかったのか、大陸に進出するようになったのはなぜか、軍部が勢力拡大するようになったのはなぜか、軍部勢力の拡大を防ぐ手立てはなかったのか、戦争敗戦に至る責任は誰が負うべきか。そして来るべき社会はいかにあるべきか。そういう分析をするとともに、日本人の手で日本の戦犯を裁くことが必要であった。

しかし、それはできなかった。なぜか。一つは、戦前の国家体制の精神が国民各層にしみ通っていて、天皇体制批判にも繋《つな》がりかねないことで、ブレーキがかかった。したがって、この問題についての、発想すら出なかった。第二には、温和型文明のダメなところが国民各層に染み渡っており、失敗の分析をする、という発想がまるで出なかったからである。

日米貿易摩擦

次いで、戦後日本での危機や失敗で検証すべきことを確認する。危機や失敗とされるものとしては、日米貿易摩擦（1970 頃 -90 頃）、バブル崩壊（1990）、サブプライムローン事件（2009）、福島原発爆発（2011.3.11）、新型コロナウイルス蔓延（パンデミック、2020-）、中国脅威問題（2020-）などがある。

日米貿易摩擦時のアメリカの日本に対する攻撃は凄《すさ》まじいもので、これが同盟国に対してするものか、と思われるほどのものであった。それほどアメリカは当時このまま行けば、日本に経済1位を奪われるという危機感があったのであろう。

日本としては、軍事をアメリカに頼っていることもあり、アメリカを敵に回したくないし、けっきょくアメリカの言いなりにならざるをえなかった。日米貿易摩擦後の折衝などの結果、産業の業種として、半導体、スーパーコンピュータ、パソコンの基本ソフト、医療保険、などにおいて、日本独自のものがつぶされて、アメリカ独自のものが日本に入り、日本の優位性は失われていったのである。日米交渉に当たった担当者や政治家はそれをどう考えているのであろうか。みずからの交渉責任を考えていないのであろうか。

その日米貿易摩擦のときに、アメリカはさまざまな政治的、経済的手段、政策を行ったのだが、そのとき日本はほとんど要求どおりに受け入れたのであり、それがどうも日本のバブル崩壊を引き起こし、その後の経済停滞にまで尾を引いている、ようなのである。

バブル崩壊

バブル崩壊については、その後国民レヴェルで、その原因を追及し、そのときの教訓をその後の政策に活かす、ということは行われていない。ある高級官僚の、ある左翼的心情から、急激な断行によって、その後30年の停滞を余儀なくされた。バブルはいずれ崩壊するとはいえ、もっと緩やかな、穏健な幕引きがあったはずである。

ここにおいても、こうした愚かな政策を断行した政治家や高級官僚を糾弾してしかるべきである。特に高級官僚の失敗を追求し、その結果によっては本人を解雇する、という強硬措置を制度化させねばならない。

「失敗の検証」が出版物において、最初に自覚、表現されたのは、バブル崩壊30年経ってからであった。野口悠紀雄『平成はなぜ失敗したのか』がそれである。この本の新聞広告から中身はほぼ分かる。「日本はなぜ、どの分野でも世界一になれないのか。その原因を徹底解明」「失敗の検証なしに、日本は前進できない！」「〝失われた30年〟の分析」……日本人には、心にグサリと刺さるような鋭さである。

バブル経済崩壊の原因としては、一つには、好況・不況のサイクル説がある。バブルが実勢以上に異常な状態なので、しかるべき状態に戻るのだ、とする。バブルはいずれ崩壊する、崩壊して当然だ、という説などでは、諦観説が根底にあるようだ。これであれば、なぜ経済不況が30年も続くのかの説明がつかない。

二つには、社会主義にかぶれた経済官僚による、不動産と金融の平等化政策によって、取り返しのつかない停滞に落とされた、とする説がある。つまりは経済担当為政者の政策音痴説・失政説である。

この説によれば、ことの発端は、地価があまりに高騰し、サラリーマンがまともに家の持てない状態になっているので、皆が平等に家が持てるように、不動産価格を半分まで落とすようにしたことであった。そのために、ⅰ不動産融資総量規制、ⅱ地価税、ⅲ金利引き上げを行って、強引にその実現を目指そうとした。つまり自由よりも平等を優先する経済官僚によって、経済はズタズタに引き裂かれてしまったのだ。

別の説明としては次がある。バブル崩壊させた対策として、政府当局者が、①不動産売買を抑制するために、不動産向けの融資を規制した。②土地所有者が土地を手放すように、所有している土地に税金をかけた。③お金を借りれないようにするために、日本銀行が金利引き上げを行った。それを同時に大々的に行ったがために、一遍にバブルは崩壊した、というものであった（19年4月6日放送の「池上彰のニュースそうだったのか」）。ここからは、一度に多くの大変革をするのはよくない、ことが帰結する。

三つ目には、日米貿易摩擦のとき、アメリカが放った日本経済弱体化策が功を奏したとする説、アメリカの罠《わな》説、さらにはユダヤの陰謀説まである。そのバブル崩壊の後、少しは景気が持ち直したものの、次にはリーマン・ショックが日本を襲う。その対策に日本が手間取っている間に、中国は次の手を打った。すなわち、①60兆円を国内のインフラ（高速道路、高速鉄道など）投資に回した。②自動車、家電の購入に補助金を出した。その結果は、中国経済は日本経済を抜くことになった。ここからは、政策の迅速性、的確性が要求されることが分かる。

日米貿易摩擦においても、バブル崩壊においても、その原因について、あるいはそのときの政策担当者の行為などは分かっているものの、それは政治経済評論家などの認識に留まっている。しかも国民として、それらの失敗を反省するという意識は皆目見られない。これからも日本国民が温和型文明である、ことの証明になっているのは哀しいことである。いつになったら日本国民は失敗を反省する国民になることができるのであろうか。

第３章　議論と非議論

第1節　西洋の議論状況

1．ギリシア著作家の世界

ホメロスの世界

古代ギリシア文学の最高峰とされるホメロスの作品は『イーリアス』と『オデュッセイア』（ともに前8世紀）の二つの叙事詩である。前者はトロイ戦争の最後の部分を描いた作品であり、後者はトロイ戦争後ギリシア側の英雄オデュッセウスの故郷への帰還冒険物語である。いずれもギリシア人の心の故郷と言うべき、ギリシア神話を背景としており、以降のギリシア人の教養としての古典となっている。古代ギリシア隆盛時、教養あるギリシア人はこれらの物語を暗唱していた、と言われている。

これら二つの物語においては、登場人物が主役であろうと脇役であろうと、おのおの個性豊かで、堂々と、長々と、自己の立場、思いを述べている。大した人物であろうとなかろうと、雄弁に自己を主張している。「神々や英雄のみでなく、女史や魔物までが名調子を振るっている。また戦士を讃えるにも、〝戦場における武勇のみならず、議場の弁舌にも優れている〟ということを常とした」（神川信彦「総説」『歴史を作った名演説』）。

『イーリアス』は史実を背景とした伝承であるが、個々の場面の会話の大半は創作と思われる。そうであったとしても、当時のギリシアの人々の会話、発言の状態から大きくかけ離れているとは考えにくい。文芸的に細工を凝らした美文調で、神話的な趣向の強いところはあるが、当時のギリシア人の会話、発言はかくのごときであった、と考えて良いであろう。

ヘロドトスの世界

ホメロスが文学、叙事詩、空想物語においてギリシア人の雄弁さを叙述したとすれば、ヘロドトスは『歴史』（前５世紀）において、歴史、戦史、実話物語においてそれを行った。発言者の発言を引用文として叙述に組み込んでいく手法は、明らかにホメロスからヘロドトスに受け継がれた。「ヘロドトスは紛れもなく堂々たる散文を書いた最初のギリシア人で、ギリシア人にとっては散文型ホメロスとでもいったような存在であった」（マーティン・セイモア＝スミス『世界を変えた１００冊の本』）。

ホメロスはほとんどの発言を引用文として叙述した（「……」として叙述する直接話法）が、ヘロドトスはそのように引用文として叙述する場合と、「……と言った」とする間接話法を併用した。発言内容が多い場合は直接話法、発言内容が少ない場合または引用文にするには値しないと思われる場合は、間接話法によった、と思われる。

ともかくヘロドトスの歴史叙述では、行動の叙述ばかりではなく、発言の叙述にも意を用いていることは明らかである。作戦会議や市民の集まりや戦場での発言が歴史を動かすかもしれない、との立場を採っている。

ヘロドトス『歴史』が取り扱うギリシアの英雄としては、ミルティアデス（アテナイ）、レオニダス（スパルタ）、テミストクレス（アテナイ）、パウサニアス（スパルタ）、アリスティデス（アテナイ）などがいる。

トゥキュディデスの世界

トゥキュディデスは『戦史』（前5世紀）において、発言、引用の取扱いに関しては、ホメロス、ヘロドトスを引き継いでいる。行動の叙述ばかりでなく、発言の叙述にも意を用いた。ヘロドトスは直接話法、間接話法を併用したが、トゥキュディデスは主に直接話法を多用した。と言うより、発言者の発言で歴史を構成した、と言ってもよいくらいに多用した。全巻の4分の1がスピーチの直接引用で、その引用スピーチは大小合わせて40近い。

なぜこれほどまでにトゥキュディデスはスピーチを重視したのか。一つの説は、スピーチの中でトゥキュディデスの言いたいことを言わせていた、という説である。この説の難点は、作中の人物の発言は著者トゥキュディデスの創作ではないか、ということに帰着する点にある。創作説を受け入れると、別の問題も発生してくる。自身が力説する科学的歴史と矛盾するではないか、という問題である。これに対しては、大方の考えとして、各種スピーチを配することによって、ヴィヴィッドに描くことになるし、賛成、反対のスピーチを配することによって、より状況が客観的に理解できる、と考えているようである。

トゥキュディデス『戦史』が取り扱っている英雄として、アテナイ側ではペリクレス、クレオン、ニキアス、アルキビアデスなどであり、スパルタ側では、ブラシダス、リュサンドロスなどがいる。『戦史』には、こうした英雄たちの民会や会議でのスピーチやディベートがふんだんに盛り込まれているのである。『戦史』はまさに生のスピーチやディベートのサンプルの宝庫である。

プルタルコスの世界

プルタルコスは膨大な著作をものしたが、スピーチ関係の本ということでここで採り上げるのは『対比列伝』（２世紀）である。『対比列伝』にあっては、スピーチや発言に関する取扱いとしては、ヘロドトスやトゥキュディデスと違って、スピーチや発言を長々と引用することはない。直接話法で引用するとしても、長くて４・５行、ふつうは１・２行である。

同書で各英雄のスピーチ記録や発言記録はほとんどないが、各英雄がスピーチや雄弁に対してどういう考えを持ち、どういう訓練をしてスピーチがうまくなり、どのようにして雄弁家になっていったかについては、詳細な記述がある。特に雄弁家と称される人の伝記に詳しい。テミストクレス、ペリクレス、デモステネス、キケロなどの伝記がそうである。

『対比列伝』はルネサンス期にラテン語に翻訳され、近代初期にはヨーロッパ各国語に訳された。それを読んで影響を受けた者としては、ミシェル・モンテーニュ、ウィリアム・シェークスピア、ジョーン・ドライデン、ジャン・ジャック・ルソー、ヨーハン・ヴォルフガング・フォン・ゲーテ、フリードリッヒ・シラー、ナポレオン・ボナパルトなどが挙げられる。

2. アテナイ勃興期

テミストクレスのディベート法

テミストクレスはペルシャ戦争のまっただ中、サラミスの海戦でギリシア連合軍を勝利に導いたアテナイの将軍である。テミストクレスのスピーチ、発言、言葉はヘロドトス『歴史』に収録されている。

第3回目のペルシア軍の遠征では、ギリシア側は当初陸上においてテルモピレーの戦いで勝利したが、その後体制を立て直したペルシア陸軍はアテナイを攻略、陥落させ、アテナイ軍は海軍を残すのみとなった。ギリシアの運命はサラミス湾に集結するギリシア連合艦隊の勝利いかんにかかっていた。ギリシア連合艦隊の総司令官はスパルタのエゥリュビアデスであった。勝敗の鍵は、テミストクレスがアテナイに反感を抱く諸国の反対を振り切って、エゥリュビアデスを説得し、大海に出ずに、狭い海峡で戦うことにあった。テミストクレスはいかにエゥリュビアデスを説得したか。

ここではそれを再現表記できないが、理知的、理性的、ロジカルな説得表現であった。理知的、理性的、ロジカルな国民を説得するとすれば、このようにしなければならない模範のようなものであろうか。この説得は効を奏し、ギリシア連合艦隊は狭い海峡で戦い、ペルシアの大艦隊を打ち破り、ギリシアの実質的最終勝利をもたらした。この説得が成功していなければ、ギリシア艦隊は大海に出て、ペルシアの大艦隊に打ち破られたであったろう。言論が歴史を動かした一つのケースであった。

ペリクレスのスピーチ

ペリクレスはアテナイ民主政治黄金期の栄えある指導者である。ペルシア戦争勝利の後、ペリクレスはアテナイの指導者として、デロス同盟を支配することにより、ギリシアでのアテナイの覇権《はけん》を維持し、アテナイ内にあってはパルテノン神殿を造営、公共施設を整備し、市民の福利厚生に配慮するなどの善政を施した。

ペリクレスのスピーチは三つ記録されている。ペリクレスは長い治世中、何十というスピーチをしたと思われるが、記録に残っているのは三つだけである。いずれもトゥキュディデスの『戦史』に収録されている。そうなっているのは、ヘロドトスの『歴史』はペルシア戦争の終結で終わり、トゥキュディデスの『戦史』はペロポネソス戦争の勃発から始まり、ペリクレスの時世はまさにその間にあったから、ほとんどが収録されずに終わったからである。

トゥキュディデス『戦史』に収録されている三つのスピーチのうち、第二スピーチは告別スピーチであり、スパルタとの戦争であるペロポネソス戦争で亡くなった死者を悼み、アテナイの栄光を讃えるスピーチ、と言われている。本スピーチの中、対戦相手のスパルタとアテナイを比較し、アテナイの優位を説き、アテナイ市民の市民魂をくすぐり、スパルタとの対戦に備えての、心の準備にしようとした。その中身はアテナイ民主政治を客観的に説明したものとして、アテナイ民主政治研究者の格好の研究対象となっている。まるで近代イギリスか、現代アメリカか、戦後日本かのごとく、民主政アテナイが自由な体制であった、ことが分かる。

シケリア遠征事件でのディベート

ペリクレス治世の終盤に始まったペロポネソス戦争は、その後三十年弱にわたって続くことになる。その間、アテナイ側ではペリクレスの死後、ペリクレスに代わる強力なリーダーが不在で、それらリーダーのいずれもが民衆に媚《こ》びて、それがため戦争政策が二転三転し、スパルタとの戦争に決着が着かない状態が続いた。

そんな中、敵スパルタとの直接の戦いを回避して、すべての艦隊をもってシケリア（シチリア）を征服する案が出て、その案を採用するか、否決するか、民会で決することになった。肯定するのは青年で積極派のアルキビアデスであり、否決するのは壮年で慎重派のニキアスであった。この件はもちろんトゥキュディデス『戦史』に収録されている。

アルキビアデスは名門の出で、容姿端麗、行動は派手、まるで映画俳優のごとく、アテナイ市民には人気があったが、他方私生活はめちゃくちゃで、馬を飼うかと思えば、多額の借財をする、といったふうであった。今回の案は人気取りの大芝居の観もあり、戦利品で借財の帳消しを目論んでいるとも疑われた。ニキアスはそれを責めたのである。

そんな個人攻撃は別として、戦略論としては、当面の敵との戦いを回避して、アテナイの守りを薄くして、敵とは関係のない第三の地に攻め入るのが、良策なのか愚策なのか、が問題である。上記のようにポイントだけを取り出して、実際のやり取りを見ると、両者ともディベートの技を尽くして、立派な弁論をしていることが分かる。結果としては、民衆の投票によって、人気のあるアルキビアデスの肯定策が採用された。

シケリア遠征は実行に移されたが、その結果はどうであったか。遠征途中で、アルキビアデスは遠征軍司令官の地位をアテナイの民会によって剥奪《はくだつ》され、怒ったアルキビアデスはスパルタに寝返ってしまい、アテナイ人の反発を招いた。また、シケリアでは、戦術のミスも重なり、艦隊のほとんどを失ってしまうことになり、これがアテナイの戦闘能力を減退させ、スパルタの軍門に下る実質的原因になったのである。アルキビアデスの人気取りの奇策、その雄弁ぶり、それにいそいそとなびく、戦略に疎い民衆、それがアテナイの悲劇を生んだのである。衆愚政治、愚民民主主義の典型が浮かび上がる。

3．アテナイ衰退期

ソクラテスの問答法

ソクラテスはギリシア哲学史上最大の哲人、聖者である。彼に続くプラトン、アリストテレスはギリシア哲学の最高峰となる。ソクラテスは口頭・弁論の世界で活躍し、プラトン、アリストテレスは著作の世界で活躍した。口頭・弁論で活躍したことをもって、ソクラテスをソフィストの一派と見なす見方もある。

ソクラテスは著作を残さなかったが、その対話や問答や発言などの概要は次の三つの著作に収録されている。アリストファネス『雲』(前422)、クセノフォン『ソクラテスの思い出』(前4世紀)、プラトンの一連の対話編がそれである。アリストファネスはソクラテスの一面は伝えているであろうが、明らかに茶化した、パロディーであるし、クセノフォンもプラトンもソクラテス死後思い出しての記述であるから、そのものずばりではないであろう。

しかもクセノフォンとプラトンではソクラテスの発言の趣が異なっている。クセノフォンではソクラテスは相手の質問に積極的、具体的に答える姿が見えるが、プラトンでは相手を質問攻めにして、考え込ませる姿が目立つ。なお、プラトンの対話編は初期、中期、後期とではその趣が異なり、ソクラテスの発言そのものを忠実に表しているのは初期のものである、と言われている。ソクラテス式の「問答法」(dialektike)から、その後「対話」(dialogue)、「弁証法」(dialectic)という言葉が派生することになった。

デモステネスのスピーチ

プルタルコス『対比列伝』の「デモステネス伝」によれば、デモステネスの同時代にはいくたの弁論家がいた。カリストラトスはデモステネスが少年の頃ギリシア第一の雄弁家であり、デモステネスがその雄弁ぶりを聞き、雄弁家を志すことになったあこがれの人である。ユーノミスはイソクラテスの弟子で、デモステネスに親切な注意を与えた。ピテアスはその場の頓知頓才《とんちとんさい》で聴衆を喜ばすことを得意とする雄弁家で、デモステネスのスピーチぶりを燈火の臭いがすると皮肉った。デマデスは天才肌の雄弁家で、その場で弁論の必要が生じるや、当意即妙にしかも雄弁に語ることができた。フォキオンは力強く、短い言葉で非常に多くのことを言うことができたし、45回も将軍に選ばれた。

古代ギリシア最後にして最大の弁論家はデモステネスである。デモステネスは生まれつき弁論家には不向きな体質であった。それをデモステネスは非常な努力によって克服していった。その努力たるや並大抵のことではなかった。それだけではない。スピーチの仕方について研究熱心であった。デモステネスはトゥキュディデスの『戦史』を8回も書き写し、一字一句を暗記した。デモステネスはペリクレスを尊敬し、スピーチもペリクレスを手本にした。その他、他人と話しするときも、その話題についてスピーチするとすれば、どうすればよいか考えたし、他人のスピーチもよく聞きに行って、自分ならどうスピーチするか、を考えたのである。

デモステネスの現存する弁論作品は61で、『デモステネス弁論集』にまとめられている。その内訳は、政治弁論17、法廷（公訴）弁論9、法廷（私訴）弁論33、その他2である。デモステネスの弁論の特徴は政治弁論にあり、「オリュントス情報」で3編、「ピリッポス弾劾」で4編がある。

弁論術の理論

古代ギリシアにおいて弁論術が発達し、人々が弁論術を駆使して、スピーチを行い、ディベートを行っただけではない。どういうふうに弁論、スピーチ、ディベートすべきか、その理論も発達し、その著作も現れるようになった。最も古くは、シケリア島のコラクスとティシアスが法廷弁論について ハンド・ブックを執筆した、とされている。ソフィストとプラトンは弁論術について論争した。イソクラテスは弁論術について最初の本格的著作をものしたが、現存しない。イソクラテスは、おそらく最初と思われるが、弁論術の学校をアテナイで開いた。

古代ギリシアにおいて、総合的な弁論術理論を確立したのはアリストテレスであり、『弁論術』（前4世紀）を著した。そこでは、場所と時と議論の性質を鍵として、三種類の弁論タイプを区別した。①主に議会で行い、未来への政策の妥当性を議論する審議弁論、②主に法廷で行い、過去の事実の正、不正を議論する法廷弁論、③主に儀礼の場で行い、現在の徳とか美とかを巡って行う演示弁論がそれである。

4・ローマ時代

キケロのスピーチ

キケロは古代ローマ最大の弁論家にして政治家、哲学者である。キケロはスピーチの模範としてはデモステネスを第一とした。デモステネスのスピーチのうちでは、最も長いものを良いとした。そして、ギリシアの雄弁家の代表デモステネスとローマの雄弁家の代表キケロは好対照である。プルタルコスも『対比列伝』において、デモステネスとキケロを両文化圏の同一人間類型として対比している。

弁論術理論ではアリストテレスの『弁論術』に匹敵する書を数冊著している。アリストテレスは滔々たる黄金の河である、と言った。弁論作家としては、リュシアスやイソクラテスの作品の数を凌ぐ作品を残している。キケロの現存する弁論作品は58で、『キケロ弁論集』に収められている。その法廷弁論では、弁護弁論がほとんどで、「ロスキウス・アメリーヌス弁護」「クルエンティウス弁護」「ミロー弁護」が有名である。政治弁論では、弁護弁論としては「マーニーリウス法弁護」「セスティウス弁護」が、弾劾弁論としては「カティリーナ弾劾」「ウェッレース弾劾」「ピリッピカ＝アントニウス弾劾」が有名である。

カエサル暗殺事件でのスピーチ合戦

カエサルの独裁が続き、人気が絶頂となり、皇帝待望論が持ち上がると、共和制をあくまで維持しようとするブルートゥス、カッシウス一派はカエサル暗殺計画を立て、カエサルが元老院に登庁するときに実行した。ブルートゥスはその直後集まった群衆に向かってスピーチをした。翌日、カエサルの副官アントニウスは群衆に向かってスピーチした。ブルートゥスのスピーチを聞いて、群衆はいったんはブルートゥス一派の暗殺に理解を示したが、アントニウスのスピーチを聞いて、ブルートゥス一派のカエサル暗殺を非難し、ブルートゥス一派は追われるようにローマ郊外に逃れた。

プルタルコスの『対比列伝』の「ブルートゥス伝」でも「アントニウス伝」でも、各々のスピーチ内容は記載されていない。この記載されていないスピーチの再現を試みたのはウィリアム・シェークスピアの『ジュリアス・シーザー』（1599）であった。

ブルートゥスはこのスピーチで、自分たちがカエサル暗殺に動いたのは、自分たちのローマの自由、ローマの共和主義への愛が、野心を抱くカエサルへの愛にも勝ったためであった、と説いた。後段では、聴衆にノーと言わせることにより、話者と聴衆を一体化させる戦術も使っている。ともかくローマの自由、共和主義のためという大義名分を訴えた。ブルートゥスはローマ市民のロゴスに訴えた。理論的説得を試みた。いわば、説得の表街道を行ったわけである。

ブルートゥスの後、スピーチに立ったアントニウスはローマ市民のパトスに訴えた。情緒的説得を試みた。いわば説得の裏街道を行ったのである。こうして、アントニウスは、ブルートゥスによってカエサル殺害を是認しかけた聴衆の考えを、カエサル暗殺を企てた者を追放せよとの考えに、１８０度転換させてしまうのである。

アントニウスはブルートゥスを直接批判せず、非難もしなかった。それでいて、結果として、聴衆の意識をアンチ・ブルートゥスにもっていったのである。驚くべき高等戦術である。これがため、その真相は何か、なぜそうできたのか、それを見極めるために、『ジュリアス・シーザー』は読まれてきたのである。スピーチ、ディベートを研究する者の格好の研究対象になってきたのである。そして幾多の説が説かれてきたのである。

弁論術の理論

古代ローマにおいても、古代ギリシアの伝統を受け継ぎ、弁論術理論も発達した。その筆頭はキケロであり、この分野で『発想論』（前91‐87）、『弁論家について』（前55）、『弁論術の分析』（前54頃）を著した。

クインティリアヌスは『弁論家の教育』（1世紀）を著し、弁論術の学校も開設し、弁論術教育に当たった。クインティリアヌスの理論では、弁論術を①インヴェンツィオ（inventio、テーマを見つけること）、②ディスポジツィオ（dispositio、論理的な構造）、③エロクツィオ（elocutio、修辞、文体）、④メモリア（memoria、記憶）、⑤アクツィオ（actio、伝達）の五つに分けたことが有名で、この区分けは現在にまで受け継がれている。その他、ディオニュシオスとデメトリオスが弁論術についての著作を残している。

他の時代でも

こういう風に敵対型文明国での発言やそれにまつわる理論を拾い集めていけば、かなりの量になる。同様に、近代のイギリスではどうだったのか、フランスではどうだったのか、ドイツではどうだったのか、アメリカではどうだったのか。同様な叙述が出来上がるだろう。上記のギリシア、ローマはそのサンプルに過ぎない。ともかくも、敵対型文明では、戦争がないときは、議論によって政治を決していたのである。議論による政治の動態が分かるであろう。

第2節　西洋のディベート

1．議論の精神

第1節では、敵対型文明国における、言葉のやり取りの実態を歴史的に概観したのであるが、本節では、西洋3000年の歴史から培われて、現代において確定している、公的な場での討論、議論では、どういうルールに基づいてそれをしなければならないか、討論、議論でのルールはどのようなものか、を概観する。

まずは、その基本ルールと言うべきもの、一般的ルール、精神、態度というものを探り出してみよう。つまり、これを知って、これを実践すれば、細かいスピーチやディベートのルールを知らなくとも、最低限の議論らしい議論ができる、という基本的なルール、精神、態度である。

①議論と人格を切り離す

第一の原理は、「議論と人格を切り離す」ということである。別言すれば、議論そのものを相手としなければならない、ということである。その意味する第一は、「議論の中身によって、議論する人の処遇が変わることがあってはならない」。人がどういう議論を行おうとも、その中身によって、その人の世俗の人間関係に変化をもたらす社会体制であってはいけない。その社会を批判するとか、その社会の支配者の都合の悪いことを発言するとかしても、その人の生命、自由、財産などに支障をきたすことがあってはならない。

第二に、「世俗の人間関係から離れて、議論しなければならない」。相手が誰かによって賛成か反対を変えることをしてはならい。相手が世俗権力上恐い存在だから攻撃しないし、そうでないから攻撃する、というようなことをしてはいけない。相手が憎たらしいから攻撃し、そうでないから攻撃しない、というようなことをしてはいけない。

第三に、「議論の中身として、議論する相手個人を攻撃してはならない」。攻撃するのは相手の議論内容である。人格攻撃しない、個人攻撃しない、ということである。第四は、「議論では、非理性的要因（感情、空気など）によって判断を下してはならない」。理性によって判断しなければならない。

②事実と意見を切り離す

第二の原理は、「事実と意見を切り離す」ということである。これは第一の原理から帰結する。議論そのものを、理性的に判断するのである。と言うことは、同じデータ（事実）を用いて、肯定側、否定側どちらにも立てるし、立てるようにしなければならない、ということである。特に、大会ディベートでは、自分の意見に関係なく、肯定側になったり、否定側になったりする。そうすることによって、ディベーター本人も議論の仕方の向上になるし、論題自身にとってもよい解決策の案出にも繋《つな》がるのである。

③主張する者は証明すべし

第三の原理は、「主張する者は証明しなければならない」ということである。第一と第二の原理から、感情を排し、理性的に、クレーム（主張点、結論）そのものを検討しなければならないが、その決着をつけるのは主張の証明の結果いかんに置こう、というものである。ある主張が客観的に証明されるならば、それに対して誰も文句をつけられないし、それで決着が着くのである。それでは、その証明はどうしてするのか。これについては、４「ロジック」の中の「クレーム証明モデル」参照。

④沈黙は同意を意味する

第四の原理は、「沈黙は同意を意味する」ということである。第三の原理の逆の原理がこれである。つまり、主張しない者は証明しなくてよい、黙っておればよい、ということになる。そこで、相手が主張したときに、当方がそれに完全同意したとき、あるいは当方の主張の非を認めたときは、相手の意見に同意すると表明するか、沈黙すればよい。反対に、相手の主張に対して承伏しかねる場合は、ただちにその旨の意志表示をしなければならない。その意志表示は相手の意見が表明された、できるだけ直後にしなくてはならない。逆に、相手の主張に承服しかねるときに沈黙していると、相手の主張に同意したものと見なされてしまう。

⑤ルールに則った議論をする

第五の原理は、「ルールに則った議論をしなければならない」ということである。ルールなしで議論をすれば、どうなるか。主張する者が同時に言い合い、怒鳴り合い、果ては暴力ざたとなったりするかもしれない。二人でのダイアローグ（二者間の知的対話）、二人以上間でのディスカッション（ルールの緩い発言対応）、ディベート（ルールの厳しい発言対応）では、それぞれのルールがある。

⑥理路整然とした話し方

第六の原理は必ず守らなければならない、というわけではないが、話しの展開がスムースで、聞いていて自然な流れに感じさせる話し方が良い。センテンスとセンテンスが関連ある繋《つな》がりになっている。ＡセンテンスからＢセンテンスへの移動が無理がなく、スムースである。それがずーと続く。それらセンテンスを一つの意味でまとめたものがパラグラフ（段落）である。そのパラグラフとパラグラフの関連も繋がりがスムースである。ＡパラグラフからＢパラグラフへの移動が無理でない、スムースである。それがずーと続く。説明の流れが簡単なものから複雑なものへ、導入から本論へ、本論から終了へ、と自然である。簡単なことから複雑なことへ、話しの糸口⇩経緯⇩本質⇩解釈⇩対策⇩結論のように自然である。これの対極は、個々では面白いが、あっちいき、こっちいきで、結局全体として何が言いたいのか分からない、話しの展開である。

理路整然とした話しの進め方の一つに一直線に進んでいく方式がある。この方式の実例では、イギリスではウィリアム・グラッドストーン、アメリカではフランクリン・ルーズヴェルトが有名である。

2．スピーチ

スピーチとは

スピーチ（speech）とは、「ある目的のために、ある一人が聴衆に対して一方的に話しかける、口頭による意志伝達の一形式」（a form of communication in spoken language, made by a speaker before an audience for a given purpose）である（*The American College Dictionary*）。すなわち、スピーチでは話者は一人であり、聴衆は多数であって、話者が聴衆に対して一方的に話しかけるコミュニケーションである。

スピーチはその目的によって、①聴衆を楽しませるスピーチ（speech to entertain）、②情報を提供するスピーチ（speech to inform）、③聴衆を説得するスピーチ（speech to persuade、problem-solving speech）、④聴衆に行動を起こさせるスピーチ（speech to actuate）に分類される。落語、漫談、映画のナレーション、バス・ガイドの説明などは①である。もっともバス・ガイドの説明には②の要素もある。学校での教師の説明、ビジネス会議での説明、各種セミナーでの講師の説明などは②である。選挙戦での候補者の演説、ディベート大会での弁士の弁論は③である。政治決起集会での弁士の弁論は④である。

スピーチの要素

古代ギリシア・ローマでは、スピーチする者や聴衆の分析は重視されなかった。スピーチする者から見たメッセージのみを考察の対象とした。近代になって、スピーチする者と聴衆の分析を重視するようになった。そして、従来からあるメッセージの分析と合わせて、スピーチの分析要素は次の三要素となった。

①スピーチする者（speaker）の分析＝信頼度（source credibility）、言語能力など
②メッセージ（message）の分析＝戦略的伝達（strategic communication）など
③聴衆（receiver）の分析＝聴衆を知ること（audience analysis）、聴衆を変えることなど

古代においては、スピーチを五つの部門（five cannons）に分けていた。それは上記の三要素のうち、メッセージの分析のことであった。これは古代ローマのクィンティリアヌスの理論に基づくものであり、現代に至るまで保持されてきた。それは次の五つである。

①テーマあるいは発想（invention）
　アイディアを選択し掘り下げること（selecting and investigating ideas）、アイディアを敷衍《ふえん》すること（amplifying ideas）
②構成（arrangement, organization, structure）
　アイディアを組織すること（organizing ideas）
③言葉あるいは修辞（style）

アイディアをシンボル化すること（symbolizing ideas）
④記憶（memory）
アイディアを記憶すること（memorizing ideas）
⑤話し方・運び方（展開、delivery）
アイディアを伝達すること（transmitting ideas）

スピーチの構成

スピーチの構成は、①オープニング（introduction, opening）、②ボディ（body）、③コンクルージョン（conclusion）の三分法が一般的である。この他、①導入（introduction）、②説明（statement）、③議論（argument）、④終了（epilogue）の4分法もある。あるいは、①注意喚起段階（attention-getting step）、②必要性説明段階（need step）、③主題説明段階（satisfaction step）、④具体的証明段階（visualization step）、⑤行動喚起段階（actuation step）の五分法もある。

3．ディベート

ディベートとは

ディベート（debate）とは、「二つのチームが与えられた命題に対して賛成側と反対側に分かれて討論する議論の競技」（a formal contest of argumentation in which opposing teams defend and attack a given proposition）である（同上）。いわば知的な議論の試合・ゲームである。

この定義の仕方はディベート大会を前提としたものである。狭義にはこのように大会、競技会における討論、議論を指しているが、ここでは広く実際の政治や経営や自治会などでの、二者間の討論、議論を含むことにする。つまりは一人が一方的にスピーチするのではなく、二者が相互にスピーチしていく、しかもそのスピーチは予め決められたものではなく、その場、その場で、そのときの論題に相応しいものでなくてはならない。相手が言ったことに対して、その反論を相互に繰り返していくのである。

ディベートのテーマになるものは、いまだ学問的、世俗的に決着のついていないもので、重要なものである。既に決着のついているものはディベートとしても意味がない。甲論乙駁して、どちらに決まっても一理あるものが対象となる。学問的にあるいは世俗的に興味の湧かないものも対象に相応しくない。

ディベートのテーマは「論題」（proposition）と呼ばれる。ふつう肯定側（affirmative）のクレームが採用される。それを肯定するのが肯定側であり、それを否定するのが否定側（negative）となる。その論題としては、クレームの種類に応じて、事実に関する論題、価値に関する論題、政策に関する論題がある。

肯定側はその論題が正しいことを証明しなければならないし、否定側はその論題が間違っていることを証明しなければならない。その証明法はロジックで行う。判定者は、肯定側、否定側のどちらの側が、ロジックを使って理路整然と証明しえたか、どちらがより説得力のある議論を展開できたか、を判断する。競技会においては、判定者は数字を弾いて判定するし、選挙での政治討論では、有権者がその優劣を判断し、投票に繋げることになる。

ディベートの型と構成

ディベートは、肯定側と否定側に同人数で分かれて、同一の持ち時間で、一定のルールによって、「スピーチ」（立論、反駁）と「ダイアローグ」（反対尋問）を組み合わせて、その主張の説得性の優劣を競い合う行為である。そのスピーチやダイアローグの組み合わせ、順序、時間によって、ディベートはいくとおりにも分類、類型化できるが、一般的なのは「伝統型」（traditional debate, Oxford debate）と「尋問型」（cross-examination debate, Oregon style）である。日本では近年簡易型が考案された。人数は肯定側、否定側ともに2人づつが一般的である。

ディベートでは、どのような型であれ、①「立論スピーチ」（constructive speeches）、②「反対尋問」（cross-examination）、③「反駁《はんばく》スピーチ」（rebuttal speeches）より構成される。立論スピーチとは、ある命題の賛成あるいは反対について、最初にして正式な証明、説明である。反対尋問は、相手の立論展開を受けて、その立論を崩すべく、あるいはその手がかりを得るべく、相手に質問することである。反駁スピーチは、相互の立論と反対尋問の後、相手の立論を批判し、自らの立論を再度にして最後に証明することである。

立論スピーチは8分あるいは10分が一般的である。反対尋問は3分あるいは4分が一般的である。反駁スピーチは4分あるいは5分が一般的である。このようにディベートでは、スピーチとダイアローグの順序と時間と回数に厳格な制限がある。

4. ロジック

論理的な議論とは

上記の第三原理「主張する者は証明すべし」から、スピーチやディベートなど、議論をする場合には、「ロジック」(logic) によって証明しなければならない。それではロジックとは何か。我々は必ずしも学問としてのロジックは学ぶ必要はない。しかし、「日常的意味におけるロジック」に強くなければならない。日常的意味におけるロジックとは「不当なまたは不合理な議論から特に区別された妥当な推理方法」(valid reasoning, especially as distinguished from invalid or irrational argumentation) である。

その日常的ロジックとは、スピーチに即して言えば、スピーチを構成するセンテンス (sentence) とセンテンスのつながり、関連が正しいかどうか、あるセンテンスから他のセンテンスが帰結できるかどうか、といった問題である。ここで、センテンスの中から疑問文、感嘆文、命令文を除くことにする。これらはセンテンスとセンテンスの関係には直接関係がないからである。そうして残ったものを「ステートメント」(statement) と言う。

ロジックはステートメントの中身を問わず、ステートメントとステートメントの関係、形式を問う。論理とはステートメントとステートメントの関係である。したがってステートメント一つのみではロジックは発生しない。

そこでステートメントが集まったグループ（時間的順序で発せられるステートメントの一群）が問題となる。そのグループは全体で一つの意味ある中身を主張している。その中で主張部分を表現するステートメントが「クレーム」（claim）または「結論」（conclusion）であり、その前提となる部分を表現するステートメントは「前提」（premise）である。前提は大きく分けて、「データ」（data、事実）と「ワラント」（warrant、論拠）の二つがある。

こうした複数の前提と一つの結論からなるステートメントのグループが「論理的な議論」（アーギュメント、argument）かどうか、が問題となる。クレームがなくてデータのみかワラントのみの場合、データやワラントがなくてクレームのみの場合は、論理的な議論とは呼べない。

注意すべきは、データやワラントのどちらかの前提一つとクレームだけでも、論理的な議論は成り立つということである。データを提示し、クレームを提示する。この場合、「ワラントが隠れた前提」（hidden premise, unstated premise）となっている。これは「アサンプション」（assumption）とも呼ばれている。前提が欠如している、あるいは隠れている論理的な議論の場合、良い点（会話の経済性）もあるし、悪い点（発言の非説得力性）もある。

クレーム証明モデル

「実質論理学」または「実質的議論の論理学」では、実質的議論におけるクレームが正しい、または妥当である、そのことを「証明」（proof）するためには、論理的な議論はどういう構造になっていなければならないか、を研究する。その「クレームの証明モデル」はいろいろと提示されている。

一番簡単な三角モデルでは、「クレーム」を頂点に、「データ」「ワラント」を底辺の角とする三角形になぞらえる。三角モデルでの構成要素は次のとおりである。

①クレーム（claim, assertion, conclusion、主張、結論）「……である」という表現になる。

②データ（data, evidence、事実、根拠、証拠、エビデンス）「なぜならば、……」（because）という表現になる。

③ワラント（warrant, reasoning、論拠、理由づけ）「……であるから」（since）という表現になる。

これらの関係を図示すれば、図１のとおりである。

具体的な思考ではどうなるか。昔読んだ例で分かりやすいのがあるのでそれで検討してみる。

①クレーム「彼は明日休むかもしれない」

②データ「彼は本日の午後咳をして苦しそうであり、風邪かもしれないと言っていた」

③ワラント「彼はかつて、そう言った翌日は必ず休んでいた」

これを日常言語で表現すれば、次のようになろう。すなわち、「彼は明日休むかもしれない。なぜならば、彼は本日の午後咳をして苦しそうであり、風邪かもしれないと言っていた。彼はかつて、そ

図1　三角形モデル

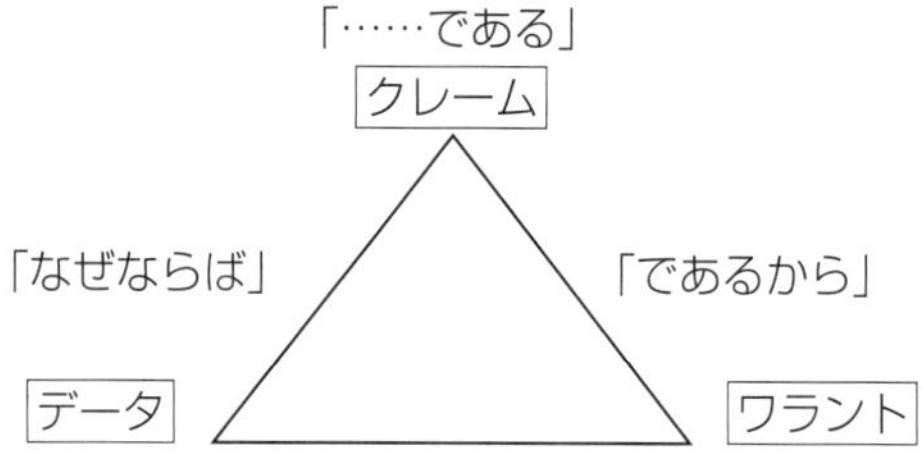

う言った翌日は必ず休んでいたからである」となる。

基本的にはこれでよいだろうが、現実問題ではこれでは大ざっぱである。必ず休んでいたと言っても、それはどの程度だったのか。彼が今回どの程度の風邪具合であったのか。それとも彼は休む前には予告の意味で風邪かもしれない、と言うくせがあったのか。それらが分からないと、このクレームは正しいかどうかは分からない。状況や理由付けの限定といった面がここでは考慮の対象外となっているのである。こうして、もっと精確なモデルが要求されることになる。

実はこれは簡単なモデルであって、実際のクレーム証明の過程はもっと複雑である。と言うよりは、このモデル作成時において、まずより詳細、精緻なモデルをスティーヴン・トゥールミンやオースティン・フリーリーが開発していて、それらをより簡単にしたのが上記モデルなのである。

第3節　国際会議での欧米人と日本人

1．日本人の談話文化

第1節、第2節で西洋での議論状況とか、議論方法とか、を見てきたわけだが、それに対して日本の議論状況とか議論方法とかは、どうなっているのであろうか。前者に関しては、明治の前で言論が政治を動かした例としては、承久の乱（1221）での「尼将軍の訓辞」が知られる程度であり、明治以降は福沢諭吉によるスピーチの紹介により、自由民権運動においてスピーチが大流行したが、昭和の軍国主義とともにそうした流れは萎《ちぢ》んでいった。

日本において、西洋におけるような、言論によって政治をなすことが主流にならなかった要因は多くある。第一に、日本は温和型文明であって、議論によってことを決する状況や伝統もない、ことが挙げられる。非議論的な、ボソボソと言うだけで、ことが足りてしまうのである。第二に、政治的に相手を思い通りに動かす手法として、議論し合うことを必要としない「腹芸」が発達している。第三に、他人との言論についての道徳、慣例として、a多言・議論しない、b他人を批難しない、c相手に要求しない、d相手の要求を極力受け入れる、が定着している。第四に、何よりも集団内における和を優先し、ことを荒立てない日本人の信条がある。

日本には議論し合う文化はないが、それに代わるものとして、「談話文化」がある。これは西洋でのディスカッションとも異なり、カンバセーション（conversation、会話、座談）に近いものである。話し合いの中、何かのテーマで決するでもなく、方向を決めるでなく、互いが思うところをしみじみと言い合うものである。

2．国際会議での欧米人

このように日本文化の中に議論し合うことを求めることは無理であるが、現実の国際社会においては、日本人も国連の会合をはじめ、さまざまな場面で議論することを余儀なくされる。そのような場面で、日本人の議論は欧米人の議論とどのように違うのであろうか。

まずは欧米人は国際会議においていかなる行動様式をとるのであろうか。これに関しては、客観性を期すために、国際会議に出席または直接それらを見聞きしている国際ジャーナリスト、同時通訳者、英語教育者などの言説を引用し、それを中心に、その一般的な行動パターンを浮かび上がらせてみる。

個性のにじみ出たスピーチ

欧米人のスピーチは、一般に抑揚、強弱があって、単調ではなく、ジェスチャーもあり、ときどきユーモアを飛ばして聴衆を笑わせ、印象づけるようにし、顔は聴衆に向き、原稿にはほとんど視線を落とさない。

欧米人はスピーチする当地の国柄などを勉強し、スピーチの中でそれに言及するようにしている。リップサービスと言えようか。当地の聴衆をいかに引きつけ説得するか、いかに好印象を与えるか、にたいへん気を使っている、ことは確かである。イギリスのエリザベス女王は来日の際、日英貿易の数字などポンポン出し……、日本問題に並々ならぬ理解力を示した。アメリカのジェラルド・フォード大統領は日本でのスピーチの中で佐久間象山に言及したし、アメリカのヘンリー・キッシンジャー長官は貝原益軒や井原西鶴に言及した（松山幸雄『日本診断』）。アメリカのロバート・ケネディー夫人は日本訪問時の機内で片仮名を練習し、東京の小学校見学の際黒板に書いてみせた。ローマ法王は日本訪問の際、東京、長崎で日本語で話をした（松山幸雄『しっかりせよ自由主義』）。

スピーチの準備に関してはどうであろうか。「（シャルル・）ドゴール仏大統領は原稿を起草し、それをメモに要約し、やがてはそのメモを捨ててしまうぐらいに準備した、と言う。イギリスの（マーガレット・）サッチャー英首相も、スピーチライターの書いたものを自分で書き直し、メモを作り直す。そしてメモを見なくても大丈夫なくらい練習する」（松山幸雄『イメージ・アップ』）。何を話すかあらかじめ原稿を書くが、実際のスピーチでは原稿を見ずに行う、あるいはそのポーズをとる。そのために暗記するまでに稽古《けいこ》する。

質問らしい質問

スピーチが終わった後は、スピーチした者への質問とそれへの応答が待っている。まず、スピーチした者が聴衆から質問を受け、それへの応答をしなければならない。欧米人はそれをそつなくこなす。慣れているというか、日頃訓練しているからである。イギリスの選挙遊説では、「候補者のスピーチの後、聴衆の質問を受け、これにいかに誠実に、スマートに、かつユーモアと機知をもって答えるか、が政治家の能力判定のカギとなる。壇上からの一方的獅子吼《しく》だけでは、政治家としての合格点はもらえない」（松山幸雄『イメージ・アップ』）。候補者はスピーチの後、有権者と質疑応答し、いかなる質問にもよどみなく、かつ質問者の満足いく回答を出さねばならない。そして、議論できる者であること、つまり政治能力があること、を証明しなければならない。会議のスピーチの後の質問受付でも同じことである。

欧米人の質問は、スピーチした者のスピーチ内容を受けて、ある点に関して、手短に、そのように考えるのはなぜか、その原因を何と考えるのか、その対策をどう考えるのか、あるいは質問者の提出する考えに賛成か反対か、といったものである。回答者はそのテーマの固有の問題に固有の回答を出さざるをえない。一般的な自由な回答で逃れるわけにはいかない。イエスかノーかどちらかで答えざるをえない。つまり、それは「クローズド・エンド」の質問である。

欧米人はスピーチと質問は別物であると考える。スピーチでは長々と話するが、質問ではテキパキと短く鋭い質問をする。質問する事項は簡単なことばかりだ。つまり、それはなぜか?、その原因は?、イエスなのかノーなのか。

その簡単な質問がデータの不備をついたり、ワラントの不合理をついたり、相手の主張の矛盾をついたりして、大きな一撃になるのである。イエスであればAの難問があり、ノーであればBの難問が待ち構えている。プロのインタビューアーによるインタビューには、そういった巧妙な質問が多い。

「議論に参加する」

スピーチした者への質問の後は、各種委員会とか各種分科会とか各種テーマ別セッションでの実質的ディベートの場となる。欧米でそういった場では、会議の参加者全員が積極的に他のメンバーに対して自己の所信を表明し、また自説に対して質問があれば自説を分かりやすく説明している。会議に参加する欧米人は会議の「議論にも参加する」のである。

スピーチや会議の準備を周到に行うのは政治家ばかりではない。「国際会議に出席する前に、学者やジャーナリストはもちろん、上院議員や大会社の社長も事前配布資料を読んできて、自分の商売に関係のないことについての、知的な討論に積極的に参加する」（松山幸雄『しっかりせよ自由主義』）。

その質疑応答には自分が納得のいくまで時間をかけて行おうとする。「アメリカ人やヨーロッパ人の中には、それほど重要とは思えない案件について、十分過ぎるほど論議を尽くすことがある。……自分の持っている意見は残らず発表しないと議場を去らない、という傾向がある欧米人が多い」（一本松幹雄『新・開国のすすめ』）。

はっきりとした意見表明

欧米人ははっきりと自己の意見を表明する。そして「欧米人などほとんどの外国人は自分から先に言い分を言う。こちらが言い分を話し始めても、少しでも疑問点があれば、〝それは違う〟などとはっきりノーを言う」（竹村健一『日本の常識、世界の常識』）。

欧米人はスピーチ、ダイアローグ、ディスカッション、ディベート、さらには日常会話においても、自己の考えをはっきりと表明し、その考えがベストであるとして、他者を自己の考えに同調させようとする。「英国流のやり方は、賛成であれ、反対であれ、とにかくいつも自分の意見というものをはっきり発表して、それをどこまでも主張していくやり方である。そして自分に反対する者に対しては、論理的、理性的にあらゆる手段を使って説き伏せ」る（田尾憲男『英国と日本』）。アメリカ流も同じである（佐藤淑子『イギリスのいい子、日本のいい子』）。

「ノー」を連発する

欧米人は何の気兼ねもなく、相手の意見に対して、ノーと言う。日本人は相手が気を悪くしないだろうかと気遣って、できるだけノーと言わないようにしている。欧米人はそんな気遣いをしない。気遣ってノーと言わないことによって、意見の相違が分からず、良くない結果になる方が、双方ともに良くないことなのである。意見が違えば、まずノーと言って、それから「バットと言って、だんだん妥協の道を探り始める」のである（竹村健一『日本の常識・世界の非常識』）。

ソ連外相のアンドレ・グロムイコは「ニエット」（ノー）を連発したことで有名である。マーガレット・サッチャーも１９８０年のＥＣ首脳会談の際、分担金問題で他の八カ国代表と激しく対立して「ノー」を連発、妥協案をことごとくはねのけた。そのサッチャーに対し、「貴女は〝ノー〟という以外の言葉は知らないのですか?」と、フランス大統領のヴァレリー・ジスカールデスタンは言った、とのことである（松山幸雄『イメージ・アップ』）。

早口で攻撃的、脅迫的

アメリカ人の言辞は攻撃的である。例えば、「アメリカ人は説得に当たってディベートの技巧を駆使してくる」。アメリカ人は「豊富な語彙《ごい》を駆使して早口でまくしたてる」。アメリカ人のものの言い方は日本人にとって「高圧的ないし一方的に聞こえる」。さらには、主に交渉のときに使うのだが、脅迫まがいの言葉も発する。「ブラッフィング」（bluffing、脅し）である。「アメリカ人は強硬であるばかりか、脅迫的な言辞さえ吐くことがある。興奮して我を忘れて言うのではなく、どうやら意図的にそうするのだ」（金山宣夫『比較文化のおもしろさ』）。この傾向は欧米人一般についてもほぼ妥当する。

ユーモアに富む

欧米人は一般に、一方で理論的、攻撃的、脅迫的だが、他方ユーモア感覚豊富で、その場を和らげようとする。一面理詰め、理屈、ロジック、ロゴスばかりで話しを展開するが、ときとしてユーモア、ジョークを発し、雰囲気を和らげることに意を使う。ユーモア、ジョークは主に感性、パトスに訴えるものである。それを使うということは、ロゴスとパトスの調和を図るということになる。欧米人も理詰め、理屈、ロジック、ロゴスの連続では疲れるらしい。ユーモアとかジョークはそのカンフル剤、調和剤なのである。

真剣勝負の日常会話

欧米社会の日常会話はどのようなものであろうか。ある同時通訳者は言う。すなわち、「欧米社会にあっては、妙な言い方だが、自分をいかに利口に見せるか、ということに四六時中気を使わなければならない。論理的でない人はバカにされる」のである(国弘正雄『英語志向と日本思考』)。

さる国際ジャーナリストは指摘する。つまり、「国際社会で〝おぬし、できるな〟と相手に一目置かせるための必須条件は、何よりも自分自身の意見を持っていること、そしてその意見が借り物の思想ではなく、できるだけユニークで独創的であること、またそれを魅力的に表現する力のあることである」(松山幸雄『しっかりせよ自由主義』)。

3. 国際会議での日本人

原稿棒読みのスピーチ

それでは逆に、国際会議での日本人の行動パターンを検討してみよう。日本人のスピーチは、一般に抑揚、強弱がほとんどなく、単調であって、ジェスチャーもほとんどなく、ユーモアで聴衆を笑わせることもなく、印象に残る言葉を発することもなく、顔は聴衆に向かず、もっぱら原稿に視線を落とす。

ある日本の政府高官は外国の会議で、「15分間一度も顔を上げず、早口で（日本語）スピーチ草稿を朗読、通訳もついてゆけず、聴衆一同唖然《あぜん》とした」そうである（松山幸雄『日本診断』）。つまりは自分本位の演出で、かつ原稿棒読みとなり、結果として聴衆を引きつけないどころか、逆にマイナスのイメージを与えてしまう、ことになった。

そうした人はおうおうにして、国際会議のある当地でのスピーチのため、何の下調べや準備をせず、いきなりスピーチと相成る。結果として、現地の聴衆の気を引くとか、賛同を得ることはまずない、ということになる。日本企業の「トップは渡米するとき、最低限、交渉相手の背景について、基本的予備知識を仕入れてきてもらいたい」、とアメリカ駐在の多くの企業の支店長が嘆いている、という（松山幸雄『しっかりせよ自由主義』）。

そのような日本人のスピーチを欧米人はどのように思っているのであろうか。いわく、喋《しゃべ》る速度が遅く、テンポが狂う。喋り方が一本調子で、何を主張したいのか分からない。抽象論が多く、具体的内容がない。通り一遍の台詞ばかりで、新鮮な中身はなく、聞いていて退屈する。などなどである。

質問にならない質問

スピーチの後の質問への応答では、日本人の応答はうまいとは言えない。予期しない質問が出ると、絶句し沈黙が続く。あるいはうまく応答できないことが続くと、すっかり応答をいやなことと思い、その対応を避けるようになる。

次に、国際会議での日本人の質問はどのようであろうか。日本人の質問は概して言えば、相手の考え方全般を引き出そうとするものである。そのスピーチで触れていない点について、スピーチした者がどう考えているのか、聞こうとする。どのような内容の答えであれ、何らかの回答があれば、それで満足する。このような質問と応答では、答えはいくらでもありうる。つまり「オープン・エンド」（自由回答方式）の質問であるのだ。

同時通訳者でディベート研究家の言葉を聞こう。日本人の質問はおうおうにして「〝ちょっと質問があるのですが〟で始まって、いつのまにか、まるでスピーチになり、やがては自らのスピーチに酔い、ロジックの糸が切れ、繰り返しが多くなる。そして最後に思い出したように、〝そこのところをどうお考えになるか〟と……締め括《くく》る」（松本道弘『ロジックの時代』）。

このような、質問ともスピーチとも言えないような発言は、出席者からはどのように見なされるのであろうか。「ロジックで言えば、質問と演説とは別なのだが、日本人にとってはその差は定かではない。外国人の記者は短く、テキパキとした、質問らしい質問をするが、日本の新聞記者が質問すると、イライラすることがある」（松本道弘『知的対決の方法』）。

「議論に参加しない」

各種委員会とか各種分科会とか実質的ディベートの場で、日本人はどのような態度であろうか。これに関しては、国際的にもあまりに有名になりすぎた３Ｓがある。いつ頃から、誰によって、吹聴されたのかは定かでないが、比較的早期記載の例としては、ある国際会議屋の次の記載がある。すなわち、「国際会議に出る日本人は３Ｓだと笑われる。SMILE、SLEEP、SILENT」（神野正雄『国際会議屋のつぶやき』）。

上記でスマイル、スリープは行動状態であり、言語状態に関してはサイレントが重要である。いかに日本人が会議でサイレントであるかは、次の言で明らかである。つまり、「国際会議の始まる前、フランス人議長が〝今日はいかにしてインド人を黙らせるか、いかにして日本人を喋らせるかが、私の腕の見せどころ〟とニヤリとする」（松山幸雄『イメージ・アップ』）。

なぜ日本人はサイレントなのか。単に英語ができないから、というばかりではない。あるイギリス人神父は次のように皮肉っている。すなわち、「イギリス人は子供のときから雄弁と朗読の訓練を受ける。……それにひきかえ日本人は、我々が結果から判断する限りでは、沈黙の訓練を受けているように見える」（ピーター・ミルワード『イギリス人と日本人』、国弘正雄『英語志向と日本思考』）。
日本人としては心情的に分からぬでもない。国際会議が英語で行われるのであれば、英語のできない者は黙らざるをえないし、かと言って会議を軽視しているわけではないので、その表明としてせめて笑顔でも見せたい、しかしそれも生理的に限界があり、深夜にまで及ぶ会議外での根回しに疲れ果て、分からない言葉の海中ではいきおい眠くなってしまう、まあこういうところだろうか。

会議参加者がサイレントでいる場合、欧米の参加者からはどのように見なされるのであろうか。会議では、集まった者がディスカッション、ディベートして、何らかの結論を出そうとしているのに、日本人はディスカッションに「参加しない」として、欧米人は批判する（神野正雄『国際会議屋のつぶやき』）。発言しないのなら、何のために会議に来たのだ、ということになる。

ある国際組織で働く日本人に対して、同僚のヨーロッパ出身者は次のように言った、という。すなわち、「日本からの参加者は完全に沈黙を守り、ディベートに聞き入るだけである。吸収すべきものだけを吸収して、自分の方からは何も出さない。（その態度は卑怯でもあるし、我々は彼等から何等得るところがない。）日本に参加を呼びかけるのは無益である」（一本松幹雄『新開国のすすめ』）。

また、自分の意見を持たないのは、欧米では最も嫌われ、最も軽蔑《けいべつ》される。そうした人間は一人前の人間ではなく、下等な人間と見なされる。「外国の会議に出席して黙っていると、バカか、意見がないのか、居眠りしているか、欠席したか、のいずれかに取られてしまう危険がある」（松山幸雄『しっかりせよ自由主義』）。

それでは、日本人はどうしたらよいのだろう。上記の国際会議屋が言うには、「国際会議で日本人が一番難渋するのは当意即妙のやりとりである。……これから日本人に課せられる、会議に臨む課題は何かと言うと、ディスカッションに参加することだ、と思う。……ああ言えばこう言う式のやりとりのゲームに参加するということが、会議に出て何かの獲物を釣り上げて帰る秘訣なのである」（神野正雄『国際会議屋のつぶやき』）。

賛成か反対か分からない意見表明

日本人は自己の意見を述べる場合、状況または事実から説明する。だから、結論としてどうなのか、どうすべきなのか、どう考えるのかは、その状況なり事実なりの説明が済んだ後でしか分からない。しかも、たいそうな状況なり事実なりの説明の割には、結論としての部分が少ないし、弱いし、はっきり分からない。要するに、状況とか事実とかを説明する知識はあるのだが、自分はどう考えるか、という意見がないのである。

自分の意見があったとしても、それは一般論である場合が多いし、有名な評論家が言っていたことであったり、独自の意見であることは少ない。しかも、それを積極的にあるいは強引にそれを述べることをしない。あくまで控えめ、「ついでに」といった感じである。これでは、意見ははっきり伝わらない。賛成か反対かは分からない。

また、日本人の発言には、「イエス・バット症候群」（yes-but syndrome）と呼ぶような表現がよく現れる（松本道弘『ハラ芸の論理』『ロジックの時代』）。相手の欧米人の発言に対して、「まったくそのとおり、しかし、……」と続くのである。また、「総論は賛成だが、各論（具体的な手段）に関しては、……」というように、「総論賛成、各論反対」の議論形式が多い。

このような発言は欧米の出席者からはどう見なされるのであろうか。欧米人は不可解な、あるいは怪訝《けげん》な、表情を隠さない。賛成か反対か、どっちなんだろう、こういう思考法をする人間はほんとうにまともな判断ができるのだろうか、と思ってしまうようだ。「状況重視型日本人は日本語という成り行き任せ型の言葉を用い、だらだらと状況を述べ、最後にポツリと結論らしきものを述べるので、欧米人は何を言いたいのだろう、とイライラする」（松本道弘『ロジックの時代』）。

「ノー」と言えない

日本人は外国人との英語のやりとりでは、「オー、イエス」を連発しすぎるようである。ある国際ジャーナリストは次のように述べている。すなわち、「日本の政治家は〝イエス〟という言葉以外知らないのですか?、と聞きたくなるようなことがよくあった」（松山幸雄『イメージ・アップ』）。

日本人はなぜ「ノー」と言わないのか。「第一は心情的理由である。〝ノー〟という答えにより相手の感情を傷つけることを恐れる日本的心情……。第二は論理的理由である。そもそも日本人の論理的思考は、断定を避け、灰色に物事を収めたい、という深層心理に根ざしたものである」（松本道弘『ロジックの時代』）。第一の理由は争いを好まない性格を現しているし、心情的にはあなたと同じ立場ですよ、と相手に知らせたい心理の現れであろう。第二の理由はAか非Aかという二値ロジックの考えに慣れていない、換言すればロジックで物事を考えないからだ、と言えるだろう。

　このような「ノー」を決して言わない態度は、出席者からはどのように見られるのであろうか。お人好しの組みやすい相手である、ロジックのできない者である、つまりは大人ではない、と見られることは間違いないであろう。

幼稚な？日常会話

　会議の合間の休憩のとき、または会議が終わって、歓談するとき、日本人の会話は欧米人からどのように見られているのであろうか。さる比較文化論者の話によると、あるアメリカ人の日本語教育者が言うには、「日本人の英語を聞いていると、たとえその人がどれほどの地位にあり、いわゆるエライ人であっても、なんだかとても子供っぽく感じる……なぜって、今日はいいお天気ですねとか、この庭はきれいですねとか、……その程度の内容のことしか言わない」からだそうである（エレノア・ジョーデンの発言。国弘正雄『英語志向と日本思考』）。

　同様なことを日本のジャーナリストが述べている。つまり、ヨーロッパ駐在の某大使が帰国後述懐した。「日本のおえら方は、食事の席でごく平凡な、センスのない世間話しかできないから、一流の人を相手に招待しても、（相手を）失望させ、かえってマイナスをかせぐことが多い」（松山幸雄『しっかりせよ自由主義』）。情緒原理主義の議論面での表れである（情緒原理主義については第4章第

1節参照）。

感情に支配された思考

いったい日本人の議論方法は欧米人にはどう写るのだろうか。ある英語教育家によると、イギリス人ジャーナリストはこう言っているそうだ。すなわち、「日本人には理屈と感情とが複雑に混じっている。どんな合理的な問題を合理的に考えても、考えや考えの出し方に必ず常に感情が出てくる。すでに合理的にお互いに理解し合ってはずのものも、両方が感情的になり、理屈を通り越した感情のために合理的な解決ができない」（ハンス・スプリングハイムの発言。田崎清忠『英会話のすすめ（下）』）と。これも情緒原理主義の議論面での表われと言えよう（同上）。

第4節　言語コミュニケーションの型

「レトリック型（自己主張型）コミュニケーション」

なぜそのように、欧米と日本とでは、言語態度が異なるのであろうか。一つの回答は、「レトリック型（自己主張型）コミュニケーション」と「他者受容型（非自己主張型）コミュニケーション」との違いにある、とする。欧米のコミュニケーションは自己主張型であり、日本のそれは非自己主張型である。

そもそもレトリックは、異質な考え方をする異民族が周りにいるのを前提に、そんな彼等に彼等とは異質な考え方を説明し、説得し、納得させるには、どうしたらよいのか、の発想から出ている。誰でも分かるようなやさしい言葉で、誰でも了解できるように分かりやすく、なぜそうするのか、どんな目的でそうするのか、明確に述べなければならない。「レトリックは自らをいかに表現し、相手を共感させ、さらに説得するか、を取り扱うのであるから、自分から相手へという一方向としてコミュニケーションを考える」。それは取りも直さず、「徹頭徹尾攻撃型のコミュニケーションである。……強力な自我を前提とする」（島崎隆『思想のシビルミニマム』）。

欧米型は「三角形の表現」をするとすれば、日本型は「逆三角形の表現」をなる。つまり欧米型はまず結論を言って、その後状況説明に入る。欧米型が「すばり要点話法」「ずばり直言話法」（straight-to-the point style）であるとすれば、日本型は「遠巻き話法」「察してくれ話法」（beat-around-the-bush style）となる。欧米型は直接的、具体的に話しをする。日本型は間接的、抽象的に話をする。

「他者受容型（非自己主張型）コミュニケーション」

島崎隆によると、日本では「発話の力によって、政治的に人を動かす、などということを意図しない。むしろ、それはわずかな言葉と表情などによって、人の心を読み取ろうとするし、自分からも明確な自己主張をしない」。さらに「このタイプに属する二人がコミュニケーションすれば、そこでは言葉はポツリポツリと話され、沈黙と間が支配する」(『思想のシビルミニマム』)。このようなコミュニケーションの仕方は「他者受容型」とも「非自己主張型」とも定義される。

日本人の発言は前置きから始まり、延々と話して、最後にやっと結論らしきものを言う。最初に結論を言わない。イエスやノーの意志は最後で明らかにする。その他、日本人の発話、発言は、何が言いたいのかすぐには分からない、結論や目的がなかなか出てこない、論点を整理せず話す、一般論・総論を印象論として述べる、感覚的、感性的な印象を喋る、主語を省く、といったことがその各論として指摘できるだろう。

アメリカの日本人論の本『公式日本人論』はそのことを、次のように言い表している。すなわち、「〝内なる手〟の思考様式は自分の中にすでに、結論を出しているから討論なし、としているのだ。だから、相手を説得しようとはしない。問題はその結論は彼等自身も知らないのである。中心を彷徨《さまよ》っているのだから、彼等自身にも分かったような気はしているが、明確には表現はできないのである」。

このようなコミュニケーションの型がなぜ日本に生まれたのかは明白である。いつでも異民族に侵略されることはない、常に同質な考え方の似通った人たちだけが住んでいる、一から十まで話さなくとも、相手は了解してくれるし、相互理解が可能である、という風土がそこにはあるからである。

思考・言語の厳密さ

もう一つの回答は、思考・言葉の厳密さと思考・言語のあいまいさの違いにある、とする。言うまでもなく、欧米の思考・言語は厳密であり、日本の思考・言語はあいまいである。欧米の思考・言語が厳密であるのは、欧米の言語そのものが厳密であり、主語があるからであったとすれば、日本の思考・言語はあいまいであり、その原因が日本語そのものがあいまいであり、主語がないからであった。

ここでは、英語が厳密な言語であることを考える。その証拠として日本語学者の谷本誠剛の説を採り上げる。谷本によれば、英語の特徴は次のとおりである。

①英語は判断の主体が明確に自己にある。
②英語では、主体である個の意識が明確で、事柄に対して肯定か否定かの表明も明確である。常に Yes か No のどちらかであり、Yes でもあり No でもあることはありえない。
③主体としての個が明確であることは、裏を返せば客体としての個も明確である、ということになる。
④英語は、語り手が準創造主（Sub-creator）となって、作り上げていく言語である。対話のできない者は不具者と見なされる。
⑤英語はきわめて比喩的で、未知なものを既知なものとのアプローチで置き換え、世界を実在化していく。
⑥英語は主語＋述語を核として、言葉を接いでいく、遠心型である。それに対して、日本語は主語から始まって、途中に入れ子式に修飾語を挟みながら、述語へと収斂していく、求心構造になっ

図2　レゲットの木＝英語文の構造

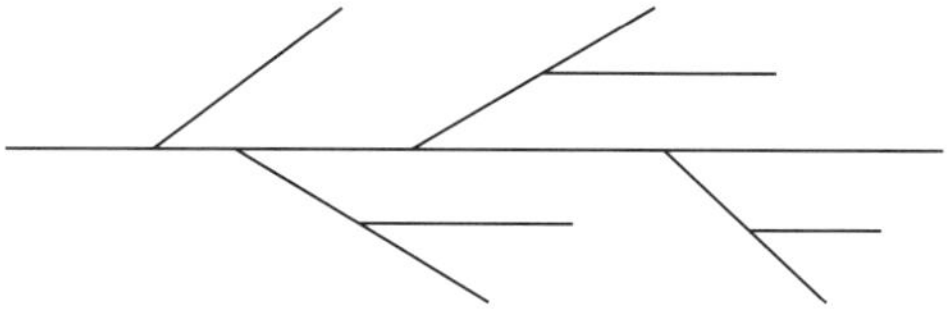

ている。

この説を日本語のあいまいさとの比較で言えば、次のとおりである。第一に、日本語の主語がないことに対して、英語では明確な主語がある。第二に、日本語が入れ子式、救心型、収束型、収斂《しゅうれん》型であるに対して、英語は遠心型、拡散型、分散型である。英語では、明確な主語があって、次に賛成か反対かを示す動詞がきて、次になぜそうなるのか状況を示す修飾語などが続くのである。このように、英語では文章の最初から話者の意志は明確であり、主語が何であり話者の意志が何であるか分からないということは毫もないのである。

また、同様の考察をした人にイギリス人物理学者のアンソニー・J・レゲットがいる。「レゲットの木」(Leggett's Trees) という骨組みを示して、英文と日本文の構造の違いを説明している。「レゲットの木」では、英語は最初に主語、動詞があって、何をするのか、どうしたいというのか、が明確である。その後で、いつするのか、どこでするのか、どんな場合にするのか、状況を説明する部分が続く。遠心型、拡張型、分散型であることが明瞭である。

図３　レゲットの木＝日本語文の構造

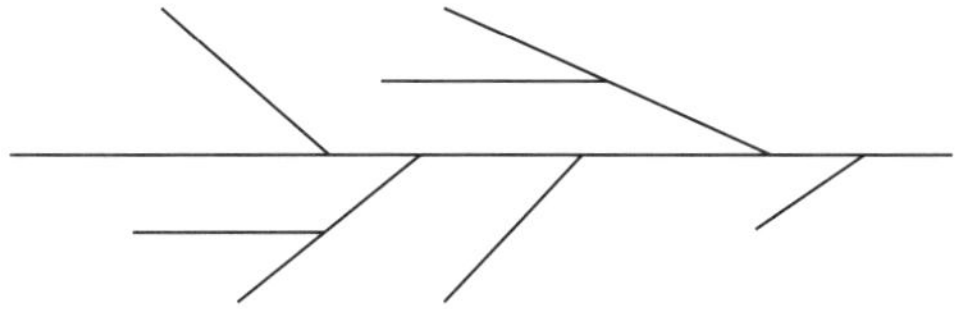

→（発言の時間）

思考・言語のあいまいさ

アメリカの公式日本人論である『公式日本人論』は大胆にも、日本人の行動のあいまいさの原因として、驚くべき仮説を打ち出した。すなわち、日本人の行動原理自身はなんら変わらないのに、あるときは右、他のときは左に行くのは、つまり急激に行動の転換をするのは、日本語のあいまいさが原因である、その日本語のあいまいさの根本原因は、日本語に主語がないことだ、と。

この本が言うには、それを最初に指摘したのは、百年以上前のアメリカの天文学者パーシバル・ローエルであった。ローエルは１８８８年に『極東の魂』を著している。ローエルによれば、日本語には人称代名詞、我、汝、彼または彼女が明確でなく、数の区分けがなく（複数形がなく、常に単複同形）、主語がない。主語のない一つの表現で、主語を変えることによって、その意味するところはどうにでも、つまり正反対にも、変えられるのである。このような状態を指して、ローエルは「まったく人称の定まっていない領域に天がけることができる」と表現した。その意味で、英語が三次元の言語としたら、日本語は四次元の言語である、とした。

そのような日本語が見かけ上三次元の言語と同様となっているのは、便利な連結語のおかげである。その連結語は、そのままではバラバラの日本語が宇宙の彼方に飛んでしまうのを、つなぎ止めている。その連結語とは、「やはり」「いっそ」「どうせ」「なまじ」「せめて」「さすが」「なんと」「どうも」「どうして」「なるほど」「しみじみ」「そこをなんとか」などである。

比較文化論者の金山宣夫もこのことに気づいているのであろう。金山が言うには、日本人の使う「いちおう」は 'for the time being' ではなく、「やっぱり」は 'after all' ではなく、「いずれにせよ」は 'whichever may it be' ではなく、「そういうわけだから」は 'for that reason' ではない。いずれも両者の間で妥協的両立を図ろうとするものであったり、「多値的合理化」を図るものである（金山宣夫『比較文化のおもしろさ』）。これらの言葉もあいまいな言葉の一部であることも確かである。

次に、『公式日本人論』は、主語がない日本語の構造を「入れ子式かつ救心型」である、とする。その研究をした日本人として、日本語学者の時枝誠記、谷本誠剛、翻訳家の柳父章を挙げ、その研究を簡略紹介している。主語は述語という一回り大きな存在の中に入る。必要なときだけ、主語が述語の中から出て前に出るが、ふつうは述語の中に隠れている。日本語は、その主語と述語の間に修飾語を挟み込んで、述語へ収斂《しゅうれん》していく救心構造になっている。

「レゲットの木」では、日本語はまず状況を説明する修飾語が何回も平行に出てきて、最後に動詞がきて、賛成するか、反対するか、明らかになる。文の最後に収束、収斂するのである。

第５節　日本人への議論教育要

1. 西洋から学ぶべきもの

欧米文化の核

第3章第4節最後の分析から、欧米文化の言語面から、レトリック型（自己主張型）コミュニケーションと思考、言葉の厳密さをその特徴として導出した。このような欧米文化を総合的にどう捉えればよいであろうか。

まずは、専門家諸家の言葉を聞いてみよう。同時通訳者で文化人類学者の國弘正雄によると、「話すこと、つまりは自分の思いを徹底的に言語化（verbalize）することが、欧米をして欧米たらしめている重要な要素である、というのがハッチンズ説」（『英語志向と日本思考』）である。そのロバート・M・ハッチンズはシカゴ大学の総長であったが、彼が言うには、「西洋の伝統は〈偉大なる会話〉――歴史とともに始まり現在まで続いているところの――の中に具現されている。……西洋社会が目指して進んでいる目標は、対話の文化である。西洋文化の精神は探求の精神であって、その支配的要素はロゴス（理）である」（『偉大なる会話』）。

同様のことをアメリカの文化人類学者エドワード・E・ホールは次のように述べている。すなわち、「欧米社会はソクラテス以来これまで logic という直線的原理に高い価値観を置き、真理と同一視してきた」(『文化を超えて』)。上智大学教授だったトマス・インモースも次のように言う。つまり、「ヨーロッパでは、ギリシアの昔から、言論、討論で物事が決められてきたことを、日本人はまず知る必要がある……。ゆえに、言論は力……。雄弁な人間は、他を動かす力を握っている」(『ヨーロッパ心の旅』)。要するに、欧米では、言語＝対話＝ロゴス＝ロジック＝雄弁が社会を動かし、歴史を動かしてきたのである。

未だ西洋から学ばざるもの

西洋人の打ち立てた功績のうち、未だ我々日本人が修得していないものに何があるか。今まで日本人は西洋に追いつけ、追い越せとして、「和魂洋才」できた。そして「洋才」はほぼ会得できた。近代西洋人が打ち立てたもののほとんどを会得した。科学、技術、社会制度、思想知識など、物理的なもの、眼に見えるものは、見よう見まねで我が物とすることができた。

しかし、悲しいかな、「洋魂」がないために、その背景の精神的バックボーンまでは会得できなかった。そして西洋の格好をした「洋才」だけでは、一流の国際人、一等国民とは見なされないのだ。西洋人の魂の構造の解明が必要なのである。「洋魂」がまさに今求められている。現在の日本では、その意味では、明治維新に唱えられた「和魂洋才」に対して、「洋魂和才」が唱えられるべきである。

それでは日本人が学ぶべき洋魂とは具体的にどのようなものか。日本人がいまだ西洋から学ばざるもの、日本人がこれから西洋から学ぶべきものとして、西洋精神研究家の神田淳はロジック、合理主義、ディベート、スピーチ、闘争精神、科学精神、理性を挙げている（『西洋のこころの研究』）。確かにそうである。トマス・インモースの言う「言語＝対話＝ロゴス＝ロジック＝雄弁」、これこそがこれからの日本人が学ばなければならない洋魂なのである。

欧米文化と日本文化をどう規定するか

上述の言語態度から見て、欧米文化と日本文化とをどのように捉えればよいのか。「東西文化の橋渡し役」を自認する新渡戸稲造は西欧を「理性の文化」、東洋を「直感の文化」と捉えている（『西洋の事情と思想』）。國弘正雄は欧米文化が「ロゴスの文化」であるならば、日本文化は「パトスの文化」と捉える（『英語志向と日本思考』）。ディベート研究家の北岡俊明は欧米文化を「質問の（する）文化」、日本文化を「察する文化」と捉える（『ディベートがうまくなる法』）。

ディベート研究家の松本道弘は欧米文化を「ディベートの文化」とし、日本文化を「ハラ芸の文化」として捉えている。松本は欧米言語の象徴たるディベートと日本言語の象徴たるハラ芸について次のように言う。つまり、「他人の行動や他人の〈眼〉を鏡とし、〈空気〉を読みながら行動するハラ芸が農耕民族のコミュニケーションの典型的な産物とするなら、ディベートはまさに待つことが許されない狩猟民族のコミュニケーションが〈昇華〉された弁証法的ゲームである」（『知的対決の方法』)。また、次のようにも言っている。つまり、「ディベートが知的対決のゲームであるのに対し、ハラ芸は情的対決の演技であり、真剣度という次元においては同じである」(『国際感覚派の方法』)。

欧米と日本の言語態度の差への対処法

言語文化、言語生活において、欧米と日本とでは「ロゴスの文化」対「パトスの文化」の違いがある。この違いに対して、我々日本人はどう対処すべきであろうか。事実の問題として、どちらの文化がある点に関して優れているか、に関しては答がすぐでも出よう。しかし、価値の問題として、どちらが優れた文化かに関しては、絶対的な基準はないであろう。それであれば、すべての文化は同等である、として尊重されるべきであろう。それぞれの文化はそれぞれ固有の歴史環境のもと出現してきたのであり、そうした背景を抜きにして、どちらが優れているかもナンセンスな問題であろう。

しかし、国際化時代、諸民族共存時代、諸人種共存時代の今日において、どちらが有効であろうか。その判断に当たっては、次の点が考慮されるべきであろう。第一に、欧米型の文化、生活、思考法は全地球的に見て圧倒的多数派であり、日本型の文化、生活、思考法は圧倒的に少数派である。第二に、全地球的に見て民族、人種が同質的な社会を形成していない場合には、欧米型の文化、生活、思考法が有効であり、同質的な社会を形成している場合には、日本型の文化、生活、思考法は有効である。全地球的な現実では前者の場合がほとんどである、と判断せざるをえない。第三に、現実の国際間における二つの文化、生活、思考法に対する評価は歴然としている。欧米型は評価が高く、日本型は評価が低い。特に、国際会議における言語態度・性向の評価で顕著である。

以上から、欧米型と日本型とで、現実にどちらが有利か、特に国際社会にあってどちらに軍配が上がるかは、火を見るよりも明らかである。欧米型は「〈言語は論理、論理は武器〉――つまり、言葉は生きるための武器という欧米型発想である。言葉を武器とする欧米人に、〈情〉をもって向かおうとしても、これでは勝ち目はない」（松本道弘『知的対決の方法』）。日本型の言語態度・性向は国際的には少数派であり、国際社会では無能者の所業と見なされる。こういう状態では、国際場裡においては、圧倒的多数派の欧米型文化、生活、思考法に合わさざるをえまい。

これからの日本人に必要なもの

欧米型に合わすべきは外交官や欧米人との接触者だけであろうか。いや日本人の一人ひとりにその考えは必要である。日頃欧米人との接触のない人でも、いつなんどき欧米人との接触があるかも分からない。日本人どうしでの接触においても、会議やスピーチや交渉などの議論局面において、欧米型の思考法が要求される。

日本人が欧米型の議論法を学ぶにはどうしたらよいか。我々日本人には骨の髄まで日本的な議論法が染み着いている。生活慣習となっている日本人型の議論方法を欧米人型の議論方法に変えるのは並大抵なことではない。徹底した議論教育が必要である。

日本人がこれからも日本文明の中でのみ生きていけるのならば、今までどおり察し合いに籠《こ》もっていればよいが、21世紀以降世界は各文明と各民族が地球狭しとお互いに行き交う時代になることは必定で、そうなれば戦争風土、要塞文明の西洋文明の舞台が世界大に拡大することになる。そうなれば、日本人のほとんどが他民族、他文明と接触することとなり、彼等と対等に互していくためには、本章で説明した西洋人の気質を会得、理解しておくことが確実に必要なのである。ただ、日本人が日本人に接する場合は、今までどおりの接し方でよいのである。

2. 議論精神の修得

欧米流の議論を修得して、欧米人に立ち向かう

上記のことに着目した、近代以降の、数少ない日本文化人としては、まず第一に、スピーチを演説と翻訳し、みずからスピーチをし、それを広めた福沢諭吉がいる。次いで、国際会議での欧米リーダーの名スピーチを賞賛し、欧米の思想や文化を紹介した新渡戸稲造がいる。第三に、ラムゼイ・マクドナルドやウッドロー・ウィルソンのスピーチを高く評価し、みずからも雄弁家だった河合栄治郎がいる。日本思想界でこの問題に着目したのはこの三人だけである。

戦前の三者はともに単一人によるスピーチを重視したが、実際の国際会議とかでは、スピーチの後の、複数人による相互間の議論の応酬、つまり①ダイアローグ、②ディスカッション、③ディベートが重要である。戦前においてこのことの重要性を認識したのはほとんどいなかった。わずかに、ダイアローグの一種である、ソクラテス・メソッドの重要性を訴えたのは河合栄治郎のみであった。大学

教育において教師と学生が知的対決をし、学生が徐々に真理に近づいていくのである。

戦後において、欧米人と日本人とでは言葉の使い方や議論の仕方が違うことを訴えたのは、比較文化研究家や海外特派員たちであった。金山宣夫、國弘正雄、松山幸雄らである。ディベートの重要性を訴えたのは、英語教師や同時通訳者や企業経営研究家たちであった。岩下貢、金野洋、松本道弘、北岡俊明らである。

日本人がこういうことをいとも簡単にできるようになるためには、議論教育が必要である。小学校から高校までに正規の科目として議論教育を採用しなければならない。その議論教育の科目では、小学校ではスピーチを主とし、上に行くほどディベートを増やしていく。中学校や高校では、全国規模のスピーチ大会やディベート大会を開催する。そして「議論の甲子園」を目指すべく、生徒をして議論に熱くさせるのである。

こうして育った日本人が大人になって、企業戦士として、民間指導員として、海外駐在員として、外交官として、海外で欧米人などと議論し、行動するのである。そうすればほんとうの意味で日本人の指導、日本人の真価が見直されるのである。

最後に議論の習得と教育を説くからといって、従来持っている日本人の心の温かさや素晴らしさを捨てよと、言うのではない。日本社会にあっては、従来どおり議論しない生活であってよいのである。日本または海外で外国人特に欧米人と話をするときには、大いに議論をしなければならない、そのことを言っているのである。

3. アメリカの議論教育

最後に、日本で議論教育をするとして、欧米先進国の議論教育を参考にせねばならない。ここではアメリカの議論教育を一瞥《いちべつ》してみる。

《幼稚園・小学校》

アメリカでの議論教育は驚くなかれ保育園・幼稚園の段階から始まる。幼児は Showing tell つまり「見せて、お話し」と呼ばれる練習をする。自分の好きなものを持ってきて、それをクラスのみんなに説明する（小川和久、佐々木良昭、川瀬勝『脆弱性《ぜいじゃくせい》』）。小学校の生徒は同様に Show and Tell つまりみんなの前で話をするという授業を受ける（松山幸雄『国際対話の時代』）。このようにアメリカの子供は非常に早い時期から、人前で自己をどのように表現すべきか、という訓練を受ける。まるで、人前で自己をうまく表現できないものは人間ではない、と言い聞かせているかのようだ。

また、小学校の生徒は大統領など偉大な政治家の歴史的スピーチの勉強をする。パトリック・ヘンリーの "give me liberty or death" やリンカーンのゲティスバーグ・スピーチなどである。「アメリカでは小学校1年生ぐらいから、政治に対して積極的に興味を持たせる教育を行う。もちろん（大統領）就任演説も、全国の小学校で先生が子供たちにテレビで見せていたはずだ」（高市早苗『アメリカ大統領の権力のすべて』）。

《中学校》

アメリカ人は中学校から本格的なディベート教育を受ける。アメリカ人は小中高校の頃から、自由な自己表現だけでなくて、ディベートや討論をする訓練を受けることになる。クラスを二つに分けて、ありとあらゆるテーマについて、肯定か否定か、賛成か反対か、で二つの陣営を作り、代表を立て合って、ディベートを重ねる（小塩節『ちょっとイキな国際感覚』）。例えば、原子力発電の増強の適否や軍事費増強の適否などをテーマに、本人の信念とは関係なしに、わざと賛否両論の立場からある立場を強制し、討論させるようにする。信念を形成してどちらかに片寄るよりも、どちらに立っても説得的な議論ができるように、柔軟になることが重視されるのである（松山幸雄『イメージ・アップ』）。

《高等学校》

十七世紀後半、ハーバード大学で、スピーチとディベートの教育を採り入れて以来、「スピーチ・コミュニケーション」(speech communication education) は全アメリカの中等教育から大学教育にまで普及していった。その中身としては、「ストーリー・テリング」(story telling)、「オーラル・リーディング」(oral reading)、「オーラル・プレゼンテイション」(oral presentation)、スピーチ、ディベート、グループ・ディスカッション、各種暗唱、質疑応答、ケース・スタディが含まれる。

ほとんどの高校では、「パブリック・スピーキング」「ディベート」「ディスカッション」などのコースが用意され、いずれも理論的解説よりは、実践的訓練に重きがかかっている。これらのコースのほとんどは必須科目ではなく、選択科目であるが、ほとんどの生徒はこれらのコースを選択するという。１セクションあたり約２０人の生徒で、週１回50分で、実技中心である。

高校でのスピーチ教育の一端として、次のようなことがある。まず、新聞や雑誌に掲載された有名な政治家や学者のスピーチ記事を切り抜き、それを小トピックスに従って分類し、一つのテーマがどのような順序で展開されているかを理解する。次に、それを参考にして自分のスピーチの原稿を作り、それを暗記してクラスで発表するのである（高島敦子『考える人を育てる言語教育』）。また、高校生で大学を志す者は夏休みに2~3週間の「ディベート・キャンプ」に参加するという（北岡俊明『ディベートがうまくなる法』）。

《大学》

アメリカのほとんどの大学では、「情報提供スピーチ」（informative speech）、「説得スピーチ」（persuasive speech）、「パブリック・スピーキング」（public speaking）などのコースが一般教養科目の中で重要なものとして位置づけられている。いずれのコースでも、人前で、筋道立てて、聴衆に分かりやすく、説得的に、話すことができる、ことに力点が置かれている。

教授法としては次のようなものである。つまり、まず学生がオーラル・パフォーマンスを行って、次に教師が学生に寸評を加え、他の学生にも評価を加えさせる。多くの場合、学生のパフォーマンスをビデオ撮影し、そのビデオを教師と他の学生もともに見ながら、分析、批評する。

「パブリック・スピーキング」のコースでの授業のやり方の一例は次のようなものである。1クラス15～20人で、週2回、1回につき50分の授業で、スピーチのパフォーマンスとして、自己紹介スピーチ（2分）、現場描写スピーチ（2分30秒）、情報提供スピーチ（5～6分）、政策スピーチ（5～6分）、説得スピーチ（7～8分）を行う。パフォーマンスのほかは、教師の質問に答えたり、ディスカッションしたりする。

そのほか、中間、期末の筆記試験、その間の小テスト数回、リサーチ・レポート1回をこなさねばならない。このような授業内容に、雄弁で鳴るアメリカ人学生も難解なクラスだ、と悲鳴をあげるぐらいである（『アメリカス学の現在』）。プリンストン大学のキャンパスには「ディベート・ビルディング」と呼ぶ校舎があり、そこで多くの学生がディベートを戦わせている（北岡俊明『ディベートがうまくなる法』）。

第４章　「原則」と「人間」

第1節　大陸の「原則関係社会」

1．原則関係社会

原則関係社会の出現

ここからは俗世界と聖世界における、敵対型文明と温和型文明の違いを探ることになる。まずは、俗世界について（聖なる世界については第5章参照）。ここではグレゴリー・クラークの「原則関係社会」と「人間関係社会」の理論を、3冊の著『日本人』『ユニークな日本人』『誤解される日本人』から、繙《ひもと》いていく。クラークは大陸の社会を「原則関係社会」とし、日本の社会を「人間関係社会」とする。

人間は地球に現れて以来、個体そのものは強くなく、他の生物との競争上、グループを組んで、生活してきた。そこから家族、村社会、部族社会へと発展していく。ここでは、個人は集団に従うし、集団への配慮を見せる態度を取らざるを得ず、この生き方は集団主義ということになる。

ところが人間が他の生物との争いに勝ち、人間の集団どおしの関係となっていくと、変化が生まれる。特に生産手段が発達し、銅器、鉄器が現れて、異民族どおしの争いが激化するようになると、変化が顕著となる。

ユーラシア大陸のように、鉄器時代以降、異民族が肥沃な土地を求めて、あるいは食料と領土を求めて、あるところに到来し、戦争が多発すると、それらの民族は自己の正当性を主張する理屈づけが必要になる。それがないと、異民族に対して、我が民族の戦争に力が湧かないことになる。

こういうことから、思想、宗教、イデオロギー、原理原則、普遍的価値観（以降イデオロギーと言う）が必要となる。今まで持っていた家族的な価値観を普遍的な価値観に置き換えなくてはならない。そして異民族の持つイデオロギーに対して、我が民族のイデオロギーの優越性を主張する。

つまり従来からの集団主義社会がそれとは異なるイデオロギー中心の社会に変貌を遂げるには、人種的、民族的に異なる外部の民と、人種、民族の存亡をかけて抗争する経験がなければならない。こうしたときに初めてイデオロギーを創出する必要に迫られ、そのために知性、合理的、抽象的思考が発達し、理性がエモーション（感情、情緒）の上位に立つのである。こういう社会をクラークは「原則関係社会」と呼ぶ。

原則関係社会のルール

原則関係社会のルールは何であろうか。

①これらの民族、地域においては、家族や村社会などでは、従来どおりの集団主義であるが、その他の軍隊、国家行政、企業経営、大学経営などでは、イデオロギーを中心とする活動となる。換言すれば、抽象的理論原則と道徳律が社会を律するのである。

②つまり理論や政策においては、感情（エモーション）ではなく、理性（リーズン）を活用し、直感ではなく、論理の力によって、なあなあの意志疎通ではなく、理詰めの議論を行い、宗教や道徳においては、自然な宗教心や道徳心ではなく、普遍的、客観的な原則に基づく宗教や道徳を持つ、こととなる。
③原則関係社会の中の西洋では、客観的、普遍主義的道徳観が樹立される。道徳は個々人の内的行動から、はるか遠くの外国人に対する態度に至るまで、すべてを対象とする普遍的、客観的かつ厳格な一連の原則に立脚すべきである、と考える。
④原則関係社会では、原則、イデオロギーで社会を防衛しているので、外部からの思想やイデオロギーには排他的である。西洋の個人主義では、情報は個人に属し、理性で情報をコントロールし、取捨選択して伝達する。
⑤こうした現象は西洋に顕著であるが、同じユーラシア大陸のインド、中国、朝鮮においても、程度の差こそあれ、同じような現象を示している。それは西洋人が中国や朝鮮に行っても、自分らと同様であると感じるところであり、日本へ行ったときの感じとはまるで違っている。

観念原理主義

日本人で同じ立場に立つと思われる研究者に中山治がいる。中山は原則関係社会の原理のことを「観念原理主義」、人間関係社会のことを「情緒原理主義」と表現する（『「草食スピリッツ」の日本人』）。

中山は遊牧民の行動に着目する。ユーラシアの農耕民は肉食のための牧畜も行っていたし、日常的に遊牧民と接触していた。だから農耕民も含めて遊牧民の精神状態を共有する、と見なす。オスの去勢たる宮刑と宦官は遊牧民の発想である。中国は人類学的には農耕民だが、社会心理学的には遊牧民である。

遊牧民は常に家畜を帯同し、一部を食用とし、一部の家畜を生殖させる。ここに、家畜における生命の連続を実感する。そして永遠の生命の永続性への期待をする。これは砂漠において著しい。ここから永遠の命を希求する宗教が生まれる。これについては第５章第１節「宗教の自然・戦争的背景」参照。

他方で、人間と動物の関係は闘争であった。これは対人間にも適用される。他民族、他人種とも闘争に明け暮れる。遊牧民は略奪が目的で、土地には執着しない。戦争で逃げることは恥ではない。邪魔者は殺す努力が不可欠である。

肉食のための牧畜は現世においては、人と家畜との間の闘争、遊牧民同士の闘争、遊牧民と農耕民との闘争などの闘争を引き起こし、それに勝つために「闘争」を肯定する精神、力でねじ伏せることを良しとする精神が生まれる。それが「肉食スピリッツ」（predator spirits）である。西洋や中国の皇帝は肉食スピリッツを受肉化したものである。

闘争の肉食スピリッツは現実対応すべく「リアリズム」を生む。これは観念と現実を分離する思考法であって、観念を前提とする。固定観念に囚われない。観念優位の「観念原理主義」となる。現実が変化しても観念は変わらない。観念は絶対的なものである。これがクラークの言う「原則」であり、社会科学的に言えば、「イデオロギー」である。

宗教原則による道徳

原則関係社会、観念原理主義での道徳はどのようなものであろうか。何事においても原則、観念が貫徹する社会であるから、道徳においてもそれが貫徹する。ここには自然から湧き出る道徳原理はない。原則関係社会、観念原理主義を貫く、一神教の道徳か多神教の道徳が、社会を指導する。西洋や中東ではキリスト教、ユダヤ教、イスラム教の道徳が、インドではヒンドゥー教の道徳が、中国では儒教や道教などの道徳が行われる。

キリスト教の道徳はどのようなものか。真っ先に思い起こされるのが、『旧約聖書』での「十戒」である。それは次のごとくである。この中で⑤から⑩までが道徳規定である。「⑤お前の父と母を敬え。⑥殺してはならぬ。⑦姦淫《かんいん》してはならぬ。⑧盗んではならぬ。⑨隣人に対して偽証してはならぬ。⑩隣人の家を貪《むさ》ってはならぬ」。これはプロテスタントの場合であり、カトリックは異なっている。同じ教典なので違うはずはないのだが、これについては、ここでは触れないことにする。人間道徳の基本の基本は盛られている。

その他の徳目はどうなのであろうか。第5章第2節で説く「受難・審判説」にはそのことは説かれていない。キリスト教入門とかキリスト教解説の類いの本を繙いても、キリスト教の道徳はこれだ、とはっきり記述している本に出くわすことはほとんどない。ここからも分かるとおり、キリスト教とは受難・審判説を信ずることであり、極論すれば、それを信じさえすれば、どんな悪事を働いても、キリスト教徒として遇される、ということを意味することになる。

これに対しては、キリスト教側からは次の反論がある。受難・審判説の説明にあるとおり、キリストによる最後の審判を受けるので、信者は天国に行けるように、日々の行動を道徳的なものにせざるをえない、これがキリスト教の道徳的基礎である、とする。これを文化人類学的に主張する理論もある。ルース・ベネディクトによる「罪の文化説」である。キリスト教徒は常に神を意識し、神によって自己の行為が義として認められるか、を意識して行動を律する、とする。だから、他人が見ていようと見ていまいと、正しい行いをするのだ、と言う。

それに対してベネディクトは、日本人は他人の目があれば正しい行為をするが、他人の目がないと正しい行為をしない、世間的な評価から自己の行動を律する、だから「恥の文化」なのだ、と言う。「罪の文化」よりも一段下だ、と言わんばかりの態度である。しかし、日本人には確かにそういう面があるものの、他方で他人は見ていないが、お天道様が見ているから、悪いことは止めよう、という意識もある。ベネディクト説にはこれらの考察はない。

原則関係社会、観念原理主義の悲惨事例

原則関係社会、観念原理主義の基本原則、生活上の原理は上記のとおりだが、これが歴史上に発揮して現される事象には次がある。これらを確認することによって、これらの社会が原則関係社会、観念原理主義である、ことがよく分かるのである。それらの事象とは、西洋社会におけるイスラムへの十字軍（11-13世紀）、異端十字軍（13世紀）、異端審問所（13-16世紀）、魔女狩り（15-18世紀）、宗教戦争（16-17世紀）などである。このうち、域外、国外への適用行動としては、十字軍、宗教戦争があり、域内、国内への適用行動が異端十字軍、異端審問所、魔女狩りである。

原則関係社会、観念原理主義では、常に宗教原理、政治原理、社会原理として、何が正しいかが議論される。単なる個人間の思想の違いであれば、問題はないが、社会的に大多数の人間が正しいとする大原則、大原理が、そうでない原則、原理によって、揺らぎ始めると、現大原則、現大原理がそうでない原則、原理を社会的に葬り去ろう（暴力によって打倒しよう）とする。それが上述した戦争や大事件であった。

域内、国内において、大原則、大原理が複数並び立ち、域内、国内の住民もどちらについたらよいのか迷うようになるし、大原則、大原理間の優劣の論争が激しくなると、その決着をつけるため、それぞれの陣営が武力によって身構え、ついには戦争に発展する。宗教戦争がこれである。

このように原則関係社会、観念原理主義のもとでは、ときとして悲惨な暴力事件、戦争が発生する。これらはいきなり発生することはない。原則関係社会、観念原理主義なのであるから、原則とか

原理を理論上で戦わせて、しかる後どうしようもないときに、暴力、武力行使が行われる。それが分かっていても、いやそれだからこそ、原則関係社会、観念原理主義の人民、メンバーは原則、原理に拘っている、ということなのである。

2．個人主義と集団主義

原則関係社会と人間関係社会

ユーラシア大陸では、有史以来、上記のように原則関係社会が成立していくが、ユーラシア大陸以外で、上記のような原則関係社会が成立する契機に乏しいところでは、人類の成立以来の集団主義的な社会が成立する。それをクラークは「人間関係社会」、中山は「情緒原理主義」と呼ぶ。

組織原理については、一般に原則関係社会は個人主義または集団主義であり、人間関係社会は集団主義である、と言える。原則関係社会では、西洋のような個人主義の社会と中近東、インド、中国のような集団主義の社会がある。

中世までの西洋と、それ以外の地域での太古から現在にいたるまで、伝統的な集団主義が根付いてきた。集団主義とは集団や共同体の生き方・やり方に個人が埋没してしまう生き方・やり方である。集団や共同体の伝統を重んじ、集団や共同体の生き方・やり方を見習って、できるだけそこから外れないようにする生き方・やり方である。「親方集団主義」「親方共同体主義」と言ってよい。現代においても集団主義は行われている。企業、官庁、軍隊、宗教集団、旅行団などである。これらは西洋、東洋に関係ない。世界的に言えることである。ソ連流の社会主義社会もそうである。

そうした世界的な流れに抗して、個人または自我の自覚、個人または自我の思いの尊重、生き方・考え方として、それらを尊重しようとする動きが西洋の近代に生じてきた。これは世界史的に見て初めての現象であった。今日に至るも、それが根付いているのは西洋においてだけである。それがいわゆる個人主義である。

原則関係社会、人間関係社会、個人主義、集団主義の関係は少し複雑なので、整理しておこう。次のようになる。

原則関係社会（観念原理主義）＝個人主義＝西洋
原則関係社会（観念原理主義）＝集団主義＝中東、インド、中国
人間関係社会（情緒原理主義）＝集団主義＝日本

個人主義と集団主義の定義

この「個人主義」（individualism）と「集団主義」（collectivism）に関しては、複数の学問間で、同一用語であるにもかかわらず、意味することが異なるのみならず、まるで反対の説であるかのごとく機能している、現実がある。そのような混乱の状況をもたらした最大の要因は、何をもって個人主義、集団主義とするか、の定義が異なるからである。

そこで、そのような対立する学問のことを概観すると、次のようになる。すなわち、①生き方・価

値観の対立と見なす、哲学、文明論の議論がある。ここでは、個人主義は「社会よりも個人」「個人の絶対の価値」を現すものであり、集団主義は「社会埋没主義」「共同体あっての個人」を表す。②社会行動面での対立と見なす、社会心理学の議論がある。ここでは、個人主義は「個人の利益優先」を現すものであり、集団主義は「集団の利益優先」を現すものである。③対人関係観の対立と見なす、経営論、組織論の議論がある。ここでは、個人主義は「自己依拠主義」「対人関係の手段視」を表すものであり、集団主義は「相互信頼主義」「対人関係の本質視」を表す。

このうち、①哲学、文明論の議論と②社会心理学の議論とでは、結論は対立している。①では、個人主義は西洋文明で見られ、集団主義は非西洋世界、特に日本で見られる、とする。②では、個人主義、集団主義ともに、西洋でも見られるし、非西洋でも見られる、とする。特に、アメリカで集団主義が見られ、日本で個人主義が見られる、とする。こうすると日本は、①では集団主義であり、②では個人主義であり、真反対の主張になっている。

本書の立場は①の哲学、文明論の立場である。なんとなれば、第一に歴史的にも、個人主義、集団主義が言われるようになったのは、啓蒙主義思想の哲学、文明論からであって、歴史的に定着している。②の社会心理学はせいぜい20世紀初頭以降の話であって、今だ定着していない。第二に、①の哲学、文明論の立場は、個人主義を自覚する西洋において、我の個人主義、彼の集団主義は十分の支持を得られている。②の社会心理学の立場は、西洋や非西洋地域の住民にも支持を得られていない。第三に、個人や個人主義の自覚は遠くは古代ギリシアにおいて発生し、そこから長い年月を経て西洋文明の中で形成されていったのであり、①の哲学、文明論はそれを十分に汲み取っているが、②の社会心理学はその点を無視して、定義している。

②の社会心理学の定義の仕方を検討すると、個人主義とは「個人の利益を集団の利益よりも優先する心の性質」とし、集団主義とは「集団の利益を個人の利益よりも優先する心の性質」とする（山岸俊男『心でっかちな日本人』、高野陽太郎『「集団主義」という錯覚』）。これで社会実験を行うと、しばしばアメリカでは集団主義が優勢で、日本では個人主義が優勢となる。そして、常識とは異なる結果なので、おかしいな、おかしいな、と嘆いている。

①の哲学、文明論の立場からすると、その結果は当たり前である。そもそも②の定義の仕方がおかしいし、それを置くとして、アメリカ人はキリスト教の影響で、社会に寄付することが当たり前であり、日本ではそういうことがないので、自分の懐を増やすことも意識されているので、実験結果のようになる。

①の哲学、文明論の立場はそんなことを重視しているのではない。そういう寄付するとかしないとかを、誰が何に基づいて決定しているのか、それを重視する。社会の趨勢《すうせい》に関係なく、個人の価値判断から決定するのが個人主義であり、自己の属する社会や共同体の顔色を窺《うかが》って、なんとなくそれに近い態度を決定するのが集団主義である。

第２節　西洋の個人主義

1．個人主義の成立

個人主義の発生原因

西洋で、個人主義はなぜ、いかにして、起ったのか。これについては現在これといった定説はない。しかしこれが原因だ、という説はいくつも出ている。これはそれだけ原因の要素が多くあった、ということである。西洋文明に個人主義が発生する要素が多かったがために、西洋文明はなるべくして個人主義文明になったのである。

それではそれらの原因説を時代順に見てみよう。一つは中世における「教会での告解制度の開始説」である。これの正式決定はラテラノ公会議（1215）であるが、この制度が一部地域で開始されたのは9世紀頃という説もある。ともかく同会議において、すべての成人男女が年に1度、教会の司祭の前で告解することが義務づけられた。これによって、各個人は考えるわけである。同じ村落でも、同じ家庭でも、個人によって違うことを言わねばならない。同じ個人でも年度毎に違ったことを言わなければならない。他人とは違った自分独自の状況を考えることになる。同じであれば、個人ごとに告白させる意味はない。これが個人の成立第一歩というわけである。

この教会での告解制度の開始説は別名で「贖罪規定書説《しょくざい》」とも言える。告白のさまざまなことは同規定書に規定されているからである。またこれらを含め、「カロリング・ルネサンス説」あるいはそれらの始まった世紀をもって「12・3世紀説」もあるが、これらは教会での告解制度の開始説の変種というだけのことである。現代の思想家では、ミシェル・フーコーがこのことを説いている（第5章第2節参照）。

次いでは、15・6世紀での「ルネサンス説」「宗教改革説」「ルネサンスと宗教改革説」がある。宗教改革説の中にも、「聖書中心主義説」「救済予定説」などがある。順番に見てみよう。ルネサンス説について。それはよく言われるように、中世的神中心の否定であり、人間の自由の肯定、現実の肯定、世俗の肯定であり、人間の生身の姿に立ち返ることであるから、必然的に組織つまり教会に捕われない個性の尊重となる。それは「万能の人」（ウォモ・ウニヴェルサーレ）のように、個々人が才能を開花させることを期待される。ここに生活上「我」の自覚が起こり、個人主義が発生する。

聖書中心主義説について。マルティン・ルターやジャン・カルヴァンは、カトリック教会が神と信者との間に割って入り、聖書を独占し都合のよい解釈をして、それを信者に押しつけたことを非難し、聖書と信者との直接対話を訴えたのだ。信者と神が聖書を介して一対一の対話をする。ここに個人個人によって、神との対話の内容は異なることになり、「個の自律」が芽生える。信仰の個人主義化というわけである。もともとキリスト教は個人ごとに救済したりしなかったりする個人主義的宗教ではあったが、カトリックの場合は神との間に教会が介入することによって、集団主義的宗教の側面があった。それがプロテスタンティズムによって、まさに個人主義宗教になったのである。

救済予定説について。救済予定説は日本人には最も分かりにくい教説となっている。カルヴァンによれば、神が最後の審判において、誰を天国に救い、誰を地獄に落とすかは、信者本人の思想や行動にかかわりなく、神がすでに決定してしまっている。とすれば、日本的感覚では投げやりになるのであるが、ピューリタンは自分が救済される方に選ばれていることを証明するために、逆に信仰心を強化し、世俗内禁欲に励んだ、とのこと。ここに救済されるか、されないかは、個人毎に異なるので、これへの認識と判断と行動も個人毎に変わらざるをえない。ここに個人主義が発生する。

次いでは、18世紀での「啓蒙思想説」と「フランス革命説」がある。啓蒙思想説について。啓蒙思想とは中世以来の権威、伝統、宗教を否定、除去する運動であり、「理性に目覚めよ」「学問・芸術に目を開け」と説くものであり、具体的には自由、平等、進歩を説く。自由とか平等は個人を基礎にした考えであって、そうでなければ自由とか平等も意味がない。個人あっての自由とか平等である。啓蒙思想は個人主義を前提としていたのである。

フランス革命説について。フランス革命では世界で初めて「人権宣言」が発布された（1789）。そこで保障された対象は一定の財産を有する市民であり、保障される権利は個人の自由、平等、圧政への抵抗、所有、安全などあった。その後その内容を盛り込んだ「ナポレオン法典」も制定された。これは市民社会の成立宣言であり、個人主義、自由主義を基本思想としていた。人権宣言やナポレオン法典は啓蒙思想や市民革命の結果の表現であって、啓蒙思想説とフランス革命説とは同体である、と見なしてもよいだろう。

個人主義の生活原理

それでは個人主義の意味するものの実態を探ってみたい。第一に、個人主義はなによりも生活上の生き方、考え方である。価値観、生き方、考え方において、社会、集団、共同体よりも人間個人が優先されるべきだ、と考える。伝統、集団、共同体の生き方・考え方に縛られるのではなく、個人個人が自由に自分はこれがよい、こういう生き方をしたい、ということを重視する。「社会埋没主義」「共同体あっての個人」ではなく、「社会よりも個人」「個人の絶対の価値」を目指すものである。これは「社会、共同体よりも個人の優先の原理」と言えそうである。

第二に、個人は体格、容貌、職業、趣味などさまざまな点で異なっている。千者千様である。したがって生き方、考え方も個々人によって異なるのは当然である。それを相互に承認することを要する。そのように異なる生き方、考え方は排斥されるのではなく、尊重されねばならない。逆に個性がない者は疎んじられる。つまり「個性の尊重の原理」である。

第三に、個人が抱く思想や意見は千差万別に異なっているのである。その相互承認を要請する。つまりそのように異なる個々人の意見は排斥されるのではなく、尊重されねばならない。そして個々人がどのような意見を抱こうとも、それは自由である。これはその後、宗教思想、政治思想の中で、「自由主義」思想として発展する。これは「個人間の意見の相違承認の原理」と言える。

第四に、個性を尊重し、個人間の意見の相違を承認するのであれば、強力な個性を有し、確固たる信念、意見を有し、それを雄弁に説明できる個人が優秀な人間であり、社会のリーダーと目され、逆にそうでない個人は平凡な人間であり、無視されることになる。社会の教育においても、幼い頃から個性的であること、独自の意見と表現力を持つように指導される。第3章「議論と非議論」で確認したとおりである。「強固な個性、意見の個人どおしの競い合いの原理」、あるいは「強固な個性、意見の個人が社会リーダーの原理」と言える。

個人主義の原理の中では、この原理が日本人には分かりにくい。日本では、「出る杭は打たれる」「目立たぬように」と叩き込まれているので、日本人が西洋社会に投げ込まれて、一番痛切にこのようなことを感じる。「凡庸な個性、意見の個人どおしのじゃれ合い」「凡庸な個性、意見の個人が社会のリーダーの原理」で育った人間が、いきなり「強固な個性、意見の個人どおしの競い合い」「強固な個性、意見の個人が社会のリーダーの原理」の社会に投げ込まれて、慣れるには5年、10年の歳月を要する。また、「強固な個性、意見の個人」から見れば、「凡庸な個性、意見の個人」はまったく評価されないし、交友の対象から外される。両社会の差とはそれほどの違いなのである。

西洋滞在者の手記などにこのような記述はよく出てくるが、それが個人主義の原理である、との認識はないのがほとんどである。また、西洋での個人主義研究の第一人者のスティーヴン・M・ルークスにしても、日本をよく知るロナルド・ドーアにしても、日本での個人主義研究の先駆者たる作田啓一にしても、これを空気のごとく見なして、返って原理として抽出しえていない。実はこの第四原理が個人主義原理の最大のもの、集団主義原理とは異なる原理の最たるものなのである。西洋社会の原理と日本社会の原理を分かつ最大のものはこれなのである。

第五に、個々人は他人の生き方、考え方に左右されてはならない。左右されるとなれば、社会、共同体に左右されるのと同じであって、個人主義を唱える意味がない。個人は確固とした自己の方針によって生きていかなければならない。いわゆる「プリンシプルを持つ」ということである。他人本位ではなく、自己本位で生きていかなければならない。自分の頭で考え、自分の意志で行動する。自律というということである。そしてこれに徹すると、強力な個性、強固な自我の形成となる。これは「自律の原理」と言えよう。

第六に、自分で決めて自分で実行する。そのことを誰からも文句を言わせない。そしてその結果起こった結果に対しては自分が責任を持つ。予想しない悪い結果になっても、それを誰のせいにもしない。自分の決断の結果として甘んじて受け入れる。これは「自己責任の原理」である。

第七に、個々人が自律で生きていくとして、いつも同じ状態にいるのは好ましくないわけで、自己の思想と人格を発展させていかなければならない。そこに人間個人の発展の意味を見出すのである。この考えは哲学、倫理学の中で、「人格主義」(personalism)、人格発展の原理として発展していく。これは「自己発展の要請の原理」と言えよう。

第八に、個々人が自律で生きていくとして、個人のある部分はプライバシーとして、秘密にしておきたい部分があり、その秘密にすることは尊重されるべきである。これは「プライバシーの原理」と言える。

第九に、上記の八原理によって行動する個人主義社会では、子供は大人と同等には行動できないので、上記八原理は子供には適用しないこととする。これは家庭内にあっても同様で、大人と子供を区別して遇することになる。これは「子供除外の原理」と言える。このことは日本ではほとんど知られていない。

2．個人主義者の自我

個人主義者の自我の構造

個人主義の個人主義たるゆえんのすごいところは、単に上記第一の生き方・価値観であるに留まらず、思考と行動の型と言うか、エートスと言うか、そういうものとなっていることである。それを「強固な自我」と言ってもよい。

これは心理学の領域であるが、個人主義者の自我と非個人主義者の自我の構造はまるで違っている。個人主義者の自我は外壁が固く中心から遠い。非個人主義者の自我は外壁が薄く中心から近い。外壁が固く遠いということは、自己とは異なる外部の考え方や生き方なりに接したときに、その受け入れが容易ではないことを示している。それだけ頑固で個性的だ、ということである。外壁が薄く中心から近いということは、自己とは異なる外部の考え方や生き方なりに接したときに、その受け入れが容易であることを示している。それだけ外部の考え方や生き方なりにいいなりになってしまう、と

図4　自我の構造

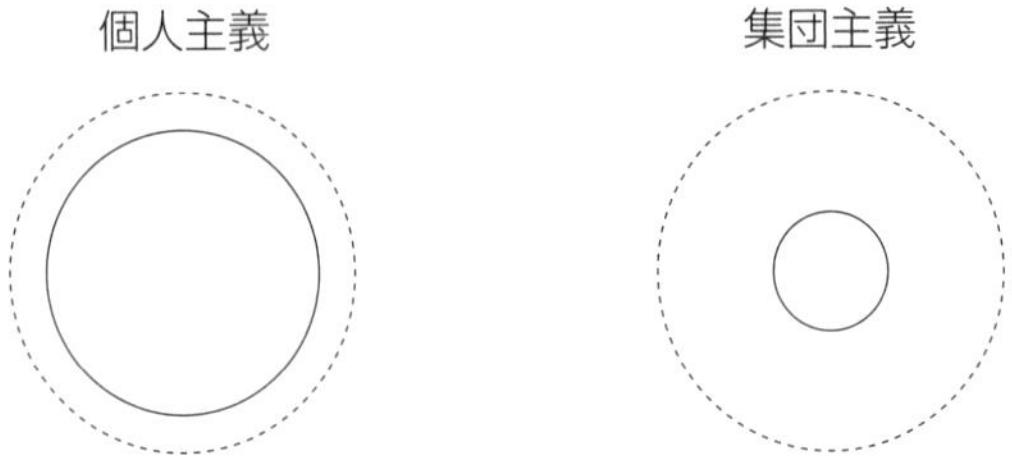

いうことである。

世間の人はこういう違いに気づいているらしく、さまざまな解釈の例がある。例えば、個人主義者の自我は「意識界」にあり、非個人主義者の自我は「無意識界」にあるとか、個人主義の「自我はある」が、非個人主義者の「自我はなく自己があるに過ぎない」とか、である。専門家にしても、カール・グスタフ・ユングにおいては、個人主義者は自我を中心とした統一体としての「意識（ego）を持っている」のに対して、非個人主義者は意識と無意識を含めた「三次元的な心の中心に自己（self）を持っている」とする。河合隼雄においては、個人主義者では自我と自己とでは「自我が強過ぎる」に対して、非個人主義者では自我と自己とでは「自我が弱過ぎる」とする。

強力な自己主張の原因

強力な自己主張は西洋人の特性の一つである。西洋人が強力な自己主張をするようになった原因としては、まずは風土としての戦争ということと要塞文明ということが関係している。常に異民族に攻め込まれたり、攻め込んだりといった状況下では、軍事力が最大の武器であるが、その次には生き残った場合の身の処し方で、その最大の武器は言葉となる。異民族に自分は相手を傷つけるような人間ではなく、自分はこういう特技があるので、自分を残せば相手も得をすることを訴えねばならない。こういうことから、異民族が常に行き交うような状況下では、自国語も異民族の言葉も覚えが早く、話術も達者になる。口八丁手八丁となる。日本人は数千年間こういう状態にならなかったので、言葉の使い方とか外国語の習得は極めて不得意である。

そもそも西洋人は議論好きである。とことん議論を尽くして、ことを決しようとする。それでことが決すればそれでよいが、決することができないとなれば、そのときから暴力による喧嘩《けんか》となる。それが国家の場合は戦争である。喧嘩とか戦争の場合は同時に議論はせず、喧嘩とか戦争に専念する。つまり議論と暴力とは次元が違う。ここが非要塞文明、温和型文明の日本では異なる。まず議論してそれで決しなければ力で決するという経験がないので、喋りながら力で戦う。議論と暴力とは同次元である。

第二に、個人主義では「強固な個性、意見の個人どおしの競い合いの原理」（第四原理）があって、個人どおしが我こそが有能なりとして、口語表現でそれを実証しようとする。つまり生活での個人と個人の会話が自己の優秀性を証明し合う場になるので、その会話における口頭表現もいきおい高等なものになり、攻撃的、説得的なものになる。それは、集団主義の日本において、個人と個人の会話は、日頃の親和的なものの確認的な儀礼的なものであり、中身も天気の話くらいのたわいない（極端に言えばつまらない）ものとなっているのとは、およそ対照的である。

第三には、都市での自治の運営で、評議委員会での言葉のやりとり、議会制の発達の中での与野党間の言葉のやりとり、裁判制度の発達の中での弁護士どおしの言葉のやりとり、大学での教師と学生との言葉のやりとりなどから、言葉のやりとりについての自覚が生まれ、言葉の技術やその理論が発達してきた。理論としては弁論術、雄弁術、レトリックといったものである。それが一番発達したのは古代ギリシアであったが、その理論書はイスラムを通じて西洋にも伝わっていた。そして西洋においてもそれらの理論を発展させるべく努力もなされていたのである。

第四には、近代以降個人主義が生まれ、そこから自由主義と民主主義が生まれ、また個人主義と民主主義から強力な自己主張が生まれてきた。個人主義ということでは、個人間の意見の相違が前提とされる。各個人は独自の立場と考え方、個性的な意見を持っている。そうすると個人個人の意見を述べ合って、相違があると、なぜ相違があるのか、どちらの方が正しいのか、ということにならざるをえない。ここから議論が当然ということになるし、その議論の中で、個人は強力に自己の意見を述べることになる。しかも「強固な個性、意見の個人どおし競い合いの原理」があるので、なおさらである。

第五には、民主主義では「討論と多数決による決定の原則」があり、ここから討論することが前提となる。ある問題が浮上して、全員がある対策案に賛成ということであれば問題はないが、たいがいの場合は各種の対策案が出されので、各自が自己の提出する案の優れた利点を説明し、他者の提出する案の劣った点を批判し、しかる後採決を行って、採用すべき案を決定する。ここに相手の議論を聞いて、自己の考えを変更することも可能となる。逆に言えば、相手の意見を変更させるべき自己主張するのである。民主主義の議論ではこういうことも期待されているのである。そういう過程を通してよりよい案の採決に繋《つな》げるのである。

３．個人主義の誤解と影響

個人主義は利己主義とは別物である

集団主義が根強い日本にあっては、上記のような個人主義は理解しがたいものに違いない。西洋に長く滞在した者でないと、その原理の本質は分からないらしい。日本人がいくら頑張っても、西洋人の個人主義の魂と言うか、本質と言うか、その意味するところは分からない、とも言われている。それだから、西洋の個人主義は日本人からは種々に誤解されることにもなる。

個人主義の誤解の問題としては、いくつかあるが、まずは倫理思想としての誤解がある。個人主義イコール「利己主義」（egoism）と見なす誤解である。これは日本が西洋文明と接触以来常にある。偉大な有名人にしても誤解している。よく例に引かれるのが倫理学者の和辻哲郎である。和辻は西洋の倫理学説をよく知っているはずなのに、西洋の倫理学は個人主義であって、したがって利己主義であって、獲るべきあたわず、として日本独自の倫理学の創設に向かった。和辻の誤解のおかげで、日本思想史には、間人主義の倫理学が誕生したのだった。

しかし、個人主義の生活原理を振り返ってもらいたい。上記九つの原理の中には利己主義という原理はあるだろうか。そんな原理はないし、個人独自の生き方をすることと利己主義の生き方とは別物である。それに西洋倫理思想史を紐解いても、近代以降はほとんどの論者が個人主義者であるが、その中で利己主義を掲げている者は数少ない。わずかにトーマス・ホッブスやC・A・エルヴェシウスなどがいるに過ぎない。よく間違われるのはジェレミー・ベンサムやJ・S・ミルの功利主義であり、彼等は快楽主義を説いているし、「功利」と聞けば、自己を利するのかと勘違いしやすいが、そうではない。功利主義は個人の利益よりも社会全体の利益を優先させる「利他主義」(altruism)なのである。

ただ、個人主義の行き過ぎという面で、「他人の不利益と引き替えに自己の利益を図る」ことを第10番目の原理として掲げる場合は、個人主義イコール利己主義ということになる。つまり、他人との競争で他人を蹴落とし、他人に不利益を与えることによって、自分は利益を得る、といった行動方式である。これは明かなエゴイズム、利己主義である。個人主義と聞いて利己主義のことかと勘違いされるくらいに、このイメージは個人主義に根強いが、それはあくまでも正規の個人主義を逸脱したものに過ぎない。しかし、これを掲げた現実の倫理説が20世紀後半には現れた。それは、「リバータリアニズム」(libertarianism)または「新自由主義」(Neoliberalism)である。

個人主義のその他の誤解の問題

二番目には、社会心理学上の誤解がある。これについては、2の中「個人主義と集団主義の定義」の中で、批判しておいた。三つ目の誤解の問題としては、経済産業上の問題がある。経済産業上は自由主義経済であろうと、統制経済であろうと、企業という単位で経済活動が行われる。この企業内の活動は個人主義的であるのか、集団主義的であるのか、はたまた西洋の企業では個人主義的だが、日本の企業では集団主義的なのだろうか。こうした観点から、日本の経営論、組織論から議論が出ているようである。

どうもこうした経営論者、組織論者は企業外の個人の行動原理と企業内の個人の行動原理を同じだと錯覚しているようである。つまり西洋人は企業の外においても内においても個人主義だとし、その行動原理は「自己中心主義」「自己依拠主義」「対人関係の手段視」として把握している。それに対して日本人は企業の外においても内においても集団主義だとし、その行動原理は「相互依存主義」「相互信頼主義」「対人関係の本質視」として把握している。

ここに日本の場合、企業の外においても内においても、上記の三つの原理が妥当する、という見方は正しいかもしれない。けだし、企業の外においても内においても、集団主義であるからである。問題は西洋の場合である。上記の三原理は明らかに企業外の原理であって、企業内の原理ではない。企業内にあっては個人の自由裁量の余地はほとんどない。上からの統制に服する世界である。西洋にあっては、「企業の外では個人主義、企業の内では集団主義」となっている、のである。企業に勤務する西洋の個人にとっては、企業に勤めに出ていない曜日と出勤前と出勤から帰った後は個人主義だが、企業で働いているときは集団主義なのだ。西洋人はそれを使い分けているのである。なお、西洋人はこういう風に原理の使い分けを得意とする。特に政治の世界において、建前と本音について、西洋人と日本人の違いを見事に分析したのは中山治である（『戦略思考で勝ち残れ！』）。

こう理解することで、ある種の疑問が氷解するのである。それは、個人主義であって統制がとれていないはずなのに、西洋の企業や軍隊はなぜ強いのか、という疑問である。西洋の企業、官庁、軍隊は思いっきり集団主義である。それも「トップダウン方式の集団主義」だから、「ボトムアップ方式の集団主義」よりはよっぽど効率的である。だから強いのである。

第3節　日本の「人間関係社会」

1．人間関係社会

集団主義の生活原理

ここからは、日本の人間関係社会（情緒原理主義）を見ていくわけであるが、人間関係社会は第1節終わりで確認したごとく、集団主義をも原理としている。そこで、まず集団主義の原理を確認する。

集団主義の原理とは、第2節「西洋の個人主義」の中、「個人主義の生活原理」から、個人主義の原理の反対のものを抽出すれば良い。そうすれば、次のようになる。第一に、「社会埋没主義」「共同体あっての個人主義」である。第二に、「個性の尊重の原理」がない。第三に、「個人間の意見の相違承認の原理」がない。第四に、「凡庸な個性・意見の個人どおしのじゃれ合いの原理」「凡庸な個性・意見の個人が社会リーダーの原理」である。第五に、「他律の原理」である。いわゆるプリンシプルがない。第六に、「自己責任の原理」がない。第七に、「自己発展の要請の原理」がない。第八に、「プライバシーの原理」がない。第九に、「子供除外の原理」がない。

集団主義の日本

集団主義とはそういうものであることを確認して、グレゴリー・クラークの人間関係社会理論を概観していく。日本人は生まれ育った反個性的鋳型から自らを解放できない。人間を社会内の自由な個人としては考えない。就職は自動的に企業への帰属を意味し、名刺が「みずからの顔」になる。選挙では、政党の政策よりも、地縁的集団が重んじられ、地域の「先生」に忠誠を尽くす。集団内には、コミュニズムとも言うべき共同体意識と親密さがある。

集団内では、集団の和を崩さぬように、長々と時間をかけて決定を下す。集団主義の民主主義は集団の内と外をはっきり差別することに随しやすい。いったん集団の和が崩れると、これを押さえるメカニズムがない。日本の集団は家族を拡大したもので、用語も家族関係の用語が用いられる。親会社、子会社など。日本の集団は家族慣例と同じで、義理、人情、依存、その他のエモーショナルな要素が錯綜し、複雑極まりない。

個人は個人の自由と権利をある程度犠牲にする。同時に、集団のうまみを思いのままに吸うことができる。親に甘える子供のようであり、「謝れば済む」という甘えの構造がある。日本人が他の国民と基本的に異なるのは、受動的、依存的であることであり、これは家族型集団主義の産物なのである。

組織に弱い日本人

日本人は一つの原則の上にできあがっている組織の前に弱い。みんな、農協とか日本医師会の要求が合理的ではないことも、完全に行き過ぎであることも、知っているのに、誰も抑制できない。日本人は毒ヘビを見てるように、もう動けなくなってしまう。英語で言う「メズマライズ」(催眠)である。みんな知っているのに何もできない。戦前の日本の軍国主義の場合とまったく同じである。

日本人は組織・グループを作る場合は、直接会わなければならない。人間関係社会だから、直接的な働きかけが必要になる。ところが欧米人は抽象的な原則で結び付きを作るのである。日本の場合、暴力団みたいな、あるいはチンピラが電車の中で女の子をからかったりなんかしていても、遠巻きにしているだけで、せいぜい警察を呼びに行くくらいで、自分で出ていこうとはしない。

人間関係で動くには、直接会わなくてはならない。毎日一緒に飲み、一緒にお風呂に入らなくてはならない。400人、500人、1000人くらいの組織になると、それは不可能である。その調和を守って出てくるのが「派閥」である。細胞が一固まりになって、器官を作るように、派閥ができ、その器官と器官の間にも、同じような人間的な調和が守られている。問題は、イデオロギーによって、部族社会、日本と同じ人間関係社会に戻ることが不可能だ、ということにあるのである。目標と手段が矛盾している。だから共産主義は必ず失敗に終わるのだ。

複雑すぎる人間関係

実際、人間はもともと同じなんだけど、日本人は非日本人とは違って、人間性とか情緒性寄りの脳の半球の中で動いている。非日本人は別の半球を動いている。欧米人も情緒的半球を持っているが、発達しない。押さえようとする。

人間関係の上では、日本人は欧米人以上に複雑なのが好きである。「腹芸」だとか「以心伝心」だとか、欧米人にはまったく掴めないものなのだが、日本人はよくやっている。人間関係とは玉ネギのように層をなす、同心円的な関係になっている。集団同士は極めて排他的であり、集団内では、調和が個人よりも優先する。

法律無視・契約無視の社会

日本人は法や契約に縛り付けられず、人間的に柔軟に集団内は機能している。法意識は薄く、契約は「念書」程度の意味しか持たない。罪社会の人間は、例えば無神論者でも、原則を破ると罪になる。欧米人など原則関係社会の人間の場合には、教会に行くという原則違反をすると、もう長い間頭の中で悩む。

日本政府は長い間アメリカに従って親イスラエル政策を取っていたのに、中東戦争で一晩で完全に親アラブ政策に変わり、１００％アラブ寄りになった。これは欧米社会では、もう完全に原則違反である。にもかかわらず日本は何も感じなかった。

テルアビブ空港で、日本の赤軍派の青年が30人以上も射殺したとき、日本政府は困って、１００万ドルの見舞金を送った。この二つを見て、欧米人など原則関係社会の人間は、日本人はいったいどういう人間なのか、ほんとうに理解に苦しんだ。親アラブ政策への転換は完全に無原則であり、許せない行為であった。反対に、見舞金を送るのは、欧米人の眼から見ると、過剰に原則的である。

すばらしき平等社会

日本では「乏しきを分かち合い」というような言い方をするけれど、日本以外の国では、金持ちが貧しい人に「恵む」ということはあっても、分かち合いという考え方は生じない。貧富の差もOECD諸国、つまり先進国の間で一番低い。貧富の差が一番大きいのがフランス、その次がアメリカ、それからイギリス、西ドイツ、スウェーデン、日本という順番で、日本は貧富の差が一番少ない。

日本人の社会は、もともと素晴らしい、ある意味ではほんとの「平等主義の社会」である。世界一ではないか。それが日本人の態度の上に見られる。店に入っても、村に行っても、どこに行っても、階級的な差がまったく感じられない。これは実に素晴らしい。（欧米人の左翼は）普通だったら日本のことが大嫌いになるべき人である。欧米の左翼の眼で見ると、日本は封建的社会であるとか、資本主義よりももっとひどい社会であるとか……。

欧米社会では、階級的な意識を悪い意味で持っているのは車の運転手、タクシーの運転手であり、どこでもチップを要求する。イギリスでもアメリカでもオーストラリアでも、チップを求める。ところが日本の運転手はチップを要求しない。イギリスではこのように階級によって行くレストランも違っている。欧米では労働者（ブルーカラー）は永久にブルーカラーである。日本ではブルーカラーがどんどん偉くなっていって、新日鉄でも、ブルーカラー出身で重役になったのがいる。

労働組合の幹部が大銀行やら大会社の部長になっていくなんて、欧米社会では考えられない。だから日本人は意外に気がついていないけれど、本当に階級がない。日本の場合は、顔を見ないとグループを作ることができない。これは根本的な違いである。夫婦養子というものもできた。血は繋《つな》がっていなくても、顔を知っていて気心が知れていればいい。

日本のグループはある場合は派閥の形をとり、もちろんその派閥の中では平等主義ではない。むしろひどい上下関係である。……グループの中ではそんなに平等ではないが、社会全体の中では平等である。欧米社会はその逆で、社会全体の中で平等ではなくても、グループの中ではわりに平等である。

一つのグループの中では、日本人は欧米人よりも苦労する。特に大学の派閥はひどい……。一匹オオカミの生き方などまったくできない。必ず除外される。そういう厳しさを見て、外国人はよく日本を批判するのである。

情緒原理主義

ここからはクラークと同様の原理を提示する中山治の「情緒原理主義」を概観する。大陸での農耕民（牧畜も行う）と区別するために、日本の農耕民は「肉食なき農耕民」とされる。ここでは、馬や牛はあっても、労働力であって、食う対象でない。ゆえに家畜を屠殺しないし、牧畜は発達しない。食うために穀物や果実を栽培した。ここでは、人と農作物の間に闘争はないし、人と人との闘争もないので、共生を志向する精神が生まれ、和が生じる。これが「草食スピリッツ」(herbivora spirits)である。日本の天皇は草食スピリッツの受肉化したものである。

これは大陸の観念原理主義とどれだけ違うか。日本人の観念は原理主義的ではなく、「状況依存的」である。例えば、幕末での攘夷から開国へ、日米戦の結果で「鬼畜米英」から「マッカーサー万歳」へ、国家神道から宗教なしへ、一夜にして変わる。日本では、観念の流動性が極めて高い。日本人の観念の脆弱《ぜいじゃく》性による。あるいは集団の強力な同調圧力による。欧米ではこういうことはありえない。観念に対する強度は極めて高い。観念の絶対性を信じ切っている。「永遠の命」と「観念の絶対性は表裏一体」なのである。

日本で観念に代わって力を持つのは「集団情緒」である。つまり、多数の人に同じ情緒が発生すると、それが「集団情緒」となる。集団情緒とは「ビッグ・ブラザー」（オーウェルの『1984年』）のことである。例えば、上からの思考停止として、治安維持法、言論・思想弾圧、憲兵や特攻警察、右翼による暴力と恐怖による支配、国家総動員体制の構築が行われる。下からの思考停止としては、

「弱虫東条」「早く米英と戦争をやれ」「非国民」「国賊」の声が挙がり、日米戦争に突き進む。強力な同調圧力がかかるのである。

観念の変更にはそれなりの論理的根拠や説明が必要であるが、情緒の変更には論理的根拠や説明は不要であり、情緒は理屈ではない。それだから、日本人行動の変化は、欧米人からは無節操に写る。凶暴な性格から優しい性格へ急変する。これから言えば、パーソナリティ概念としては、日本人は「多重人格者」である。大陸の観念原理主義では、例えば中東のイスラムでは、アメリカに完膚なきまでに敗れて、国土をアメリカ軍に占領されても、いっこうに反撃を止めない、のとは対照的である。

日本の国民性はマイナスのみではない。環境の急変に対する適応力が高い、ということでもある。先進文明を巧みに採り入れる柔軟さ、したたかさは「無節操な日本人」のなせる業なのだ。飛鳥時代からの和魂漢才は明治には和魂洋才となり、戦後には自由と民主主義へと変貌し、最先端思想・技術を導入することにもなる。

2. 経営組織

第2節では、いかに西洋人は個人主義者であるか、なぜそうなのか、どういう経緯でそうなったのか、について書いてきた。第3節ではその反対で、日本人はいかに個人主義でないのか、について書くことになる。

個人主義でないと言うと、一般にはすぐに集団主義を思い出すらしい。確かに集団主義ではあるが、西洋の個人主義以外は集団主義だと言えるので、集団主義はすこぶる多いし、その中で日本の集団主義はどのようなものか、他の集団主義とどのように違うのか、この辺を説明しないと、日本固有の集団主義を説明することにはならない。

間人主義

これを説明するために、文明論者、文化論者、社会学者、社会心理学者、経営学者、組織論者などが幾多の理論や仮説を提出してきた。その中で、現象を説明するのに最もフィットしているものと思われるものとして、「間人主義」の理論がある。これは社会学者の浜口恵俊によるものである。濱口によると、西洋の個人主義と日本の間人主義の違いは、①西洋が自己中心主義であるのに対して、日本は相互依存主義である。②西洋が自己依拠主義であるのに対して、日本は相互信頼主義である。③西洋が対人関係を手段視するのに対して、日本は対人関係を本質視する（『日本らしさ」の再発見』など）。

三戸公理論

この派の人ではないが、この派の理論にも近く、独自の理論を提示する人に経営学者の三戸公がいる。三戸によると、西洋は契約型モデル、日本は所属型モデルとして、対比できるとする。その詳細理論として、①西洋では個人が契約に基づいて組織に参加するのに対して、日本では個人が所属という形で参加する。②西洋では契約は個人主義的個人の結合形式であるのに対して、日本は集団主義的行動様式を発生せしめる。③西洋では人格の参加は部分的、限定的、短期的であるのに対して、日本では人格の参加は全面的、無限定的、長期持続的である。

④西洋では契約の要素は圧倒的に大であるのに対して、日本では契約の要素はあるが、所属の要素が大である。⑤西洋では職務記述書に厳格遵守であるのに対して、日本では職務記述書は単なるガイドラインであるに過ぎない。⑥西洋では企業への参加誘因は物的な労働条件、労働対価であるのに対して、日本での誘因は精神的なものが大である。⑦西洋では企業は機械的組織、ゲゼルシャフトそのものであるのに対して、日本の企業は有機的組織、ゲマインシャフト的要素大である（「組織の日本型モデルと欧米型モデル」『日本的集団主義』）。

日本の企業での従業員の行動を説明するのはこれで十分であるが、大陸と日本の文明的差異を説明するのに、これで十分であろうか。また、日本人の行動のうち、空気に流されるとか、同調圧力とかの行動までは説明できない。あくまで、経営理論、組織理論に留まっている。

経済的ではない

クラークによると、人間関係社会に住む日本人は本来的に世界中で最も経済的ではない。なんとなれば、経済的とは、冷静かつ合理的に行うことであるが、日本人はそういうことが得意ではない。合理的な金儲け仕事には縁が薄い国民である。

それではなぜエコノミック・アニマルに拘るのか。それは日本人の回帰志向の表現である。昔からエモーショナルで、反大資本で、非物質主義的社会観を持っているので、戦後エコノミック・アニマルによって腐敗してしまった。

日本では、行動の軸は名誉と誇りであり、日本企業は市場占有率の拡大を第一とし、金儲けは二の次である。あからさまな金儲けは軽蔑される。日本人特有の移り気に根ざした、合理的経済活動とは無縁の、賭事師的本能による。このことはコロナ禍での2021年のオリンピックを無観客で行ったことに現れている。ここでは、開催地の日本には経済的効果はない。IOCとの契約を律儀に守っただけなのだ。

3.「タテ社会」

ここで採り上げるのは中根千枝による「タテ社会」である。この理論をわずか2・3行で説明するのは難しいが、日本の企業・官庁・政党などの機能組織においては、西洋とは違った、家族的、封建遺制的になっている、ことを説く理論である。日本文化論の有力理論の一つになっており、多くの識者もその理論の妥当性を認めているかのようである。

しかし、そのタテ社会理論には、さまざまな誤解や疑問やらが渦巻いている、のも事実である。日本のタテ社会に対比して考察しなければならないのは、西洋のヨコ型社会ではなく、西洋のタテ型社会である。どちらも上位の意志を下位にまで徹底させなければならない組織である。

西洋のタテ社会と日本のタテ社会

世界史的に見て、近代以降、伝統的な社会（ゲマインシャフト）に対して、西洋を中心に機能社会（ゲゼルシャフト）が出現し、20世紀以降は世界的に企業、官庁、政党などの機能社会が乱立している。こういう機能社会は意志貫徹型のタテ型社会である。そのタテ型社会には日本型のタテ社会や西洋型のものやその他のものがある。

日本のタテ型社会と西洋のタテ型社会を対比することによって、組織としての意志を貫徹させ、ある目標を達成させるには、どちらの組織が有効か、が分かる。中根がそれをしなかったのは、中根には西洋を日本の手本とする考えがなかったこともあるし、彼女はもともとインドや東南アジアを調査を専門としていたこともあり、つまり西洋については専門でなかったので、それができなかった、ということであろう。

日本人は戦後の高度成長期以降、西洋から学ぶものはなくなった、と思っているようであるが、まだまだ西洋の学ぶべきものを学び取っていない、したがって西洋文明とは何かが分かっていない。学び取っていない要素としては、ディベートの技術、ソクラテス式問答の精神、西洋型のタテ型社会の構造などがある。

上位の意志を下位にまで徹底させる度合いでいうと、西洋のタテ型社会の方が日本のタテ型社会よりも徹底している。これから言えば、タテ社会の冠は西洋に与えられるべきである。日本のタテ型社会はタテ型社会とヨコ型社会が折衷されたようなものである。タテ社会という文字が日本のタテ型社会に当て嵌《は》められ、横取りされてしまったため、西洋のタテ型社会をどう表現するのか、という問題も生じる。

西洋のタテ社会は、原則関係社会、観念原理主義の下での組織なので、原則や観念が貫徹する。組織的に見れば、上位の者の原則や観念が優先される、ということである。したがって、意志伝達は「上位下達」（トップダウン方式）である。それに対して、日本のタテ社会は人間関係社会、情緒原理主義なので、原則や観念が指導原理となることはなく、伝統的な社会原理たる「共同体（コミュニティー）原理」が入り込む。したがって、意志伝達は「ボトムアップ方式」となり、機能社会であるべきなのに、共同体に随する危険性が存在する。その悪い例が「腐朽した官僚制」であり、昭和戦前の軍隊であった（第2章第2節4「組織の腐朽化」参照）。戦後日本の厚労省も新型コロナ対策で何等有効な対策打てず、その悪い例となる。

その違いを分けるのは何なのか、中根はそこまで踏み込んでいないのが残念であるが、敵対的な（常時攻めたり攻められたりする）文明なのか、温和な（ほとんど攻めたり攻められたりすることがない）文明なのか、によるのである。

日本のタテ社会

中根のタテ社会が世界に広まるにつれて、その中身とは別に、言葉のイメージから、日本＝タテ社会＝封建社会＝「日本人全員が何も意見を言えず大きな権力にただ従うだけの社会」と勘違いされることになる。中根自身は名声を広めるとともに、中根自身の責任ではないが、日本の悪い面をも輸出したことになる。

中根のタテ社会とは日本の個々の企業・官庁・政党でのあり方を問題としているのであるが、世の人々は間違って受け取り、日本社会全体がタテ構造だと思ってしまうらしい。社会全体については、クラークが指摘するごとく、欧米が階級的であるのに対して、日本は非階級的、平等的である。それに、日本全体の社会がタテ型かヨコ型か、と問いかけることは意味がない。タテ型社会が多いか、ヨコ型社会が多いか、も意味がない。上述のごとく、機能社会が出てきたので、タテ型社会が多いし、それが社会を牽引しているのは事実であるが、それは世界的な流れである。

それとは別に、個々の企業、社会について、タテ社会であることを留保すべきだ、との指摘もある。例えば、樋口清之は「意外！日本は古来〝ヨコ社会〟が土台だ」（『続・梅干しと日本刀』）と言っているし、西部邁も「日本は本当はヨコ社会である」（『国民の道徳』）と述べている。と言うことは、タテ社会的な面もあるが、ヨコ社会的な面もある、ことを意識せよということだろう。

4. 空気・同調圧力

日本人がエモーショナルゆえにムードに流されやすいことを、クラークは『日本人』で指摘している。例えばとして、田中（角栄）ブームがあり、その後一転して反田中ブームとなる。彼が挙げるその他例としては、フラフープ、ボーリング、パンダ、SLなど。同様の例はモナリザが日本の美術館で展示されるとなると、美術ファンでない人までが、わんさかと美術館に詰めかけるとか。

クラークがムードと読んだものを徹底的に追求したのは、山本七平『「空気」の研究』である。日本的組織において、ある決定をなすとき、合理的、論理的検討による解決案よりは、非合理的、非論理的ではあるが、その組織の置かれた状況で、組織人が異論を唱えられない、まさかの解決案がときとして採用される、ということである。

こうした場合に、日本人が思考停止に陥る三つの要因として、山本は三つの要因を挙げる。①臨在感（臨在感的把握）、②感情移入、③絶対化がそれである。問題はなぜこうした要因が現れるか、であるが、社会が人間関係社会であって、その中にある個人は個人主義によって武装した個人ではないので、個人よりも組織優先の思考に流されることにある。

日本人はこういう性格があるので、合理的、論理的検討が重んじられるべき、国防戦略問題においても、こういうことが起こりやすく、日本の悲劇に結び付きやすい。そういう個々の例は、第2章第2節、第3節において見てきたところであるが、他の有名な例としては、大政奉還、三国同盟締結、カミカゼ特攻、全島玉砕、集団自決、戦艦大和の沖縄出撃などがあり、戦後においては安保反対などがある。これらのより一般的な説明としては、第５章第３節「日本の〝日本教〟」参照。

第４節　日本の道徳

1．集団主義的道徳

まずは、グレゴリー・クラークによる、人間関係社会での道徳はどういう風に把握されているのかを確認する。それは次のようなものである。すなわち、私的道徳律は個人の道徳観ではなく、人間関係の道徳観である。それは「恩」や「義理」であり、個人より集団が先行する。例えば、自分の集団内では思いやり深く細心に注意を払って、人間関係の道徳に徹するが、その集団外ではまったくの別人になってしまう。つまり集団内の人間関係的な道徳には敏感で道徳的であろうとするが、集団外の公共の場では不道徳になる者もいる。

ホンネとは特殊日本的概念で、おおまかに翻訳すれば、「本当の欲求」とでも言えるものである。タテマエは「公共の秩序」である。口先で唱えなければならないお題目で、それらが実行されなくとも、誰も驚かない性質のものである。ホンネとタテマエの関係は、現実と理想の衝突という英語的表現が相当する。

平均的日本人は、平均的欧米人よりもはるかに人間関係に対して、注意を払っている。他人から受けた恩恵を、日本人の方がはるかに強く意識しているし、また他人が自分をどう見ているか、ということにも、はるかに敏感である。これらの原則に悖《もと》る行為に走ったとき、神の恩寵《おんちょう》を失ったクリスチャンが感じるものにも劣らないくらい、日本人は強い恥と罪の意識にさいなまされるのである。

公的な行動においては、平均的日本人を主として律するものは、公共の秩序という概念である、と思われる。だから、日本人の平均的道徳観というのは、人間関係型の道徳を基本として、それにタテマエを付け加えたものであろう、と思われる。

日本人の道徳観が集団主義からきていることは、ヤクザを見れば分かる。ヤクザの行動様式は日本の集団のルールに順応している。だから警察が追放宣言しても、うやむやになる。反対に、過激派や3億円犯人は日本の集団主義的画一主義への反抗であり、日本の集団のルールから外れている。だから徹底した捜査を受けることになる。

日本型道徳律においては、人間的感情が理性に先行している。日本人にとって重要なのはハートなので、日本人はエモーショナルに行動する。エモーショナルという言葉には訳語がない。逆説的だが、このことは日本人の意識のすべてがエモーショナルである、ことを証明している。

日本的道徳観は、欧米人の目には日和見主義的で不埒《ふらち》なものに映る。だがそうした柔軟性ゆえにこそ、過度に道義主義的な姿勢を示すし、欧米人が犯す過ちを回避することができる。日本的方法には常識的な現実性がある。例えば、アルコールに対する態度、性に関する出版物、性的接触施設など。

2. 温和型文明の道徳

次に、温和型文明の道徳項目を概観する。原則関係社会、観念原理主義では、一神教の道徳か、多神教での道徳が社会を指導するが、人間関係社会、情緒原理主義では、個々の宗教からの影響は多少あるものの、全体的には自然から湧き出た道徳原理である。

それを証明する研究がある。青木育志『日本道徳の構造』である。これによると、日本文明での道徳は、①狭義の温和型文明に基づく道徳、②農耕型文明に基づく道徳、③その他の要素に基づく道徳の三種類である（表３～表５参照、☆は思想的、宗教的背景あり）。

第一のグループは、次のＡからＦまでの徳目群である。これらの徳目群は温和型文明の要素を原因にして発生する、と考えられる。基本的に外国からの侵攻がない上に、農耕生活が加わって、Ａ「温和である」という基本性格が出来上がり、そこからＢ「感情・考えを表さない」やＣ「思いやりがある」が形成され、Ｃ「思いやりがある」から、Ｄ「礼儀正しい」、Ｅ「正直である」、Ｆ「善良である」が生まれる。これらの徳目群の影響の関連図ならびに関連徳目は次のとおりである。

外国からの侵攻なし＋日本型農耕生活
↙Ａ「温和である」
↙Ｂ「感情・考えを表さない」
↙Ｃ「思いやりがある」

表４　温和型文明に基づく徳目

A「温和である」	
A１交際における思慮深さ A２トラブルを回避する（争いを避ける） A３下位者が上位者に忠誠を尽くす（主従関係良い）☆ A４子供が父母を尊敬する（しつけができている）☆ A５多言・議論しない A６他人を批難しない A７相手に要求しない A８相手の要求を極力受け入れる（寛容、共生）☆ A９己の不幸・不利を訴えない A10謙譲である（慎み深い） A11平和的である	敵対型文明人から誤解を招く
B「感情・考えを表さない」	
B１イライラしたり焦ったりは無作法 B２いつもニコニコしている B３関係悪化を避けるために真なることを言わない B４曖昧な言葉を使う B５トラブルの元になる話題を避ける B６直接での表現伝達を避ける	敵対型文明人から誤解を招く
C「思いやりがある」☆	
C１親切である☆ C２社会を快いものにするべく配慮する C３おもてなしをする（サービス） C４弱者への敬意、いたわり、配慮 C５子供を可愛がる（子供天国） C６自己の利益よりも公（他人の利益）を優先する C７布施、寄付、陰徳する	敵対型文明人から絶賛される
D「礼儀正しい」☆	
D１気持ちよく挨拶する D２ルールを守る	敵対型文明人から絶賛される
E「正直である」☆	
E１誠実である（至誠）☆ E２義を追求する☆ E３金銭に潔癖である E４信頼できる（信用できる） E５感謝する（恩に感じる）☆	
F「善良である」	
F１良心に従って判断する☆ F２人を陥れたり、悪し様に言うことを嫌う F３盗みを嫌う（犯罪嫌悪） F４公平な処罰（刑が厳しい、刑が早い） F５治安が良い（犯罪が少ない）	

表5　農耕型文明に基づく徳目

G「道理に従う」		
	G１「中庸を好む」☆ G２「貪欲を嫌う」☆ C３「勤勉である」☆←神話、歴史 G４「倹約する」☆ G５「質素である」☆ G６「秩序立っている」 G７「忍耐力ある」←火事、地震、噴火の経験 G８「沈着冷静である」←火事、地震、噴火の経験 G９「清潔好きである」←神道、温泉 G10「町が奇麗である」←「公徳心」「自己だけが良い目をしない」	

↙D「礼儀正しい」

↙E「正直である」

↙F「善良である」

3．農耕型文明の道徳

第二の道徳項目のグループはモンスーン型、日本型農耕生活の要素を原因にして発生する、と考えられる。ここでは、農耕生活が基本で、そこに状況によっては、＋αの要素が加わって、G「道理に従う」が生じる、と考えられる。そこからG1からG10までの諸徳が、各々の特殊性（←で表示）によって、生じる。これらの徳目群の影響の関連図は次のとおりである。

日本型農耕生活＋α

↙共同体、隣人愛、集団生活

↙集団行動、横並び主義、平等主義、自由である

↙G「道理に従う」

表6　その他の要素に基づく徳目

H名誉、面目を重んじる☆	
H１恥にならないように行動する H２先祖の活躍、身分を誇りに思う H３名誉・誇りを伝承する H４名誉のために自殺する（命よりも名誉を重んじる）	
I戦いで勇敢である	
I１自決する勇気ある I２死を前にしてジタバタしない I３女性は貞淑である	
J教育で人格を養う（修養、教養）☆	
J１教養を見せびらかさない J２性格の芯の強さ J３趣味の良さ J４知れば知るほど美点が分かる	

4．その他要素に基づく道徳

第三のグループは、上記のいずれにも属させることのできない徳目群であり、H「名誉を重んじる」、I「勇敢・貞淑である」、J「人間修養する」がある。これらは第一グループでもなく、第二グループでもない、第三の独立徳目である。これらは温和型にも、モンスーン型にも影響されず、はっきりした原因は究明されていない。このうち、J「人間修養する」には東洋思想の影響が見られる。

5．日本型文明の道徳

徳目群の関係

次にグループ、群の文明上の意義、位置を浮かび上がらせてみる。まず第一に、全徳目群10のうち、温和型文明に基づくものが6ある。ここから日本道徳の根幹は温和型文明に基づく、と言える。

第二に、世界が絶賛していると思われる徳目（各種アンケートや統計で、素晴らしいこと、驚いたこと、で多くの票を獲得したもの）の数は、A「温和である」、B「感情・考えを表さない」群では1つあり、C「思いやりがある」、D「礼儀正しい」群では7つ、E「正直である」、F「善良である」群では3つ、G「道理に従う」では1つ、その他で0であり、圧倒的にC「思いやりがある」、D「礼儀正しい」群に関するものが多い。つまり温和型文明に由来する項目が諸外国から絶賛を浴びているのである。諸外国にはそのような徳目資質がないからである。農耕型文明に基づく徳目資質で絶賛されるのは少ない。こういうことからも、日本文明の日本らしさを形作っているのは温和型文明である、と言えるのである。

ちなみに同じ温和型に由来するグループのうち、A「温厚・温和である」、B「感情・考えを表さない」群については、敵対型文明人からは、最も理解できない徳目群である、として捉えられ、場合によっては誤解されるか、軽蔑され、下等評価されかねない徳目群である。

日本人の二大プリンシプル

徳目の最後に言わなければならないのは、日本人の「ノープリンシプル」ということについてである。敵対型文明人のように、自己の主張をハッキリと打ち出さないことから、日本人は「ノープリンシプル」「原理原則がない」と一部では言われてきたが、これは明らかな間違いである。

本書で提示しているごとく、日本人のプリンシプル（行動原理）はAからJまで計10にもなるのである。そのうちのAからFまでのものは、A2「トラブルを回避する」（グレゴリー・クラークの言う「人間関係社会」の原理、原聰の言う「人間関係本位主義」）ということに集約できるかもしれない。その中心的なプリンシプルはA8「寛容」とC「思いやり」であろう。温和型文明の代表的プリンシプルはA2「トラブルを回避する」であり、そのプリンシプルの実践の結果、日本は長らく温和な、平和な社会を築いてきたのである。

もう一つのプリンシプルはG「道理に従う」（原聰の言う「現世主義」）であろう。この中で代表的なプリンシプルはG3「勤勉である」とG7「忍耐力ある」であろう。これがあるからこそ、地震、津波、台風などの災害や戦火から素早く復興し、健全な社会を築いてきたのである。

第５章　一神教と日本教

第1節　宗教の自然・戦争的背景

1．宗教と文明

宗教の類型としては、従来からいろいろな説が提出されている。その中で文明を分けるものとして重要な説は、一神教と多神教の分類である。ここで「一神教」(monotheism)とは唯一絶対の神を信仰する宗教上の立場であり、ユダヤ教、キリスト教、イスラム教がこれに当たる。「多神教」(polytheism)とは多数の神々や精霊などを信仰する立場であり、仏教、ヒンドゥ教、道教、儒教、日本神道、ギルガメシュ、エジプト、ギリシア、ローマなどがこれに当たる。

一神教と多神教の類型についての日本人の研究としては、A「一神教グループ」とB「多神教グループ」の石田英一郎説(「二つの世界観」『東西抄』)がある。これによれば、一神教の特徴は、①唯一の神、②創造された宇宙、③不寛容と非妥協性、④男性原理、⑤天の思想、⑥宇宙の有限性、⑦宇宙の合理性であり、多神教の特徴は、①所与の存在としての宇宙、②宇宙の中の神々、③寛容と融通性、④女性原理、⑤大地の思想、⑥限定されない宇宙、⑦宇宙の非合理性である(同上)。

一神教と多神教の類型関連のその他の説として、A「軍隊式命令履行型宗教」、B「ブラックボックス型宗教」、C「構造分析法則発見型宗教」、D「日本仏教」のひろさちや説(『ひろさちやの日本仏教を読む』）、Ａ「啓典宗教」とＢ「それ以外の宗教」の小室直樹説（『日本人のための宗教原論』）、Ａ「啓示宗教」とＢ「自然宗教」の白取春彦説（『今知りたい世界四大宗教の常識』）などがある。

上記の諸類型は宗教学としてはそれぞれ有効ではあるが、本書のテーマである敵対型文明国と温和型文明国の観点から、大陸の宗教状況と日本の宗教状況をよく区分け説明できるものではない。例えば、一神教と多神教とで分類すれば、西洋から中近東は一神教であるが、インドから日本までは多神教となり、大陸と日本との区分はできなくなる。

上記の説のうち、比較的よく説明できるのは、ひろさちや説である。これによれば、西洋から中近東の一神教はＡ軍隊式命令履行型宗教であり、インドから中国までの多神教はＢブラックスボックス型宗教とＣ構造分析法則発見型宗教であり、日本の多神教はＤ日本仏教であることになり、大陸と日本の区分は可能となる。ただ、日本には日本神道もあり、日本の儒学などの流れもあるので、日本の宗教を日本仏教だけで表すのはどうか、という疑問点がある。

こうした中、２００９年に新説が出た。Ａ「永遠の命」の大陸、Ｂ「無常」の日本、という中山治説である（『「草食スピリッツ」の日本人』）。この説によれば、大陸と日本を区分けするのは「永遠の命」と「無常」である。そして大陸の永遠の命の中でも、西洋から中近東までは一神教であり、インドから中国までは多神教である。大陸のインドにおける仏教と日本における日本神話が多神教であり、無常を標榜する。

これでいけばかなりスッキリするが、仏教は現在においても、東南アジアに点在するので、厳密に言えば、この原理で大陸と日本を区分けする、とするには難がある。しかし、仏教は現在においては日本だけと割り切れば、この説で十分通用する。現に著者はこの書において、大陸原理と日本原理を、永遠の命のユーラシア、無常の日本、と思いっきり対比させている。そして社会原理として、前者は観念原理主義となり、後者は情緒原理主義となる、ことを説明する（このことは第4章参照）。

この関係は少し複雑であるので、次に図解する。

永遠の命＝一神教＝ユダヤ教、キリスト教、イスラム教
永遠の命＝多神教＝道教、ヒンドゥ教、ギルガメシュ、エジプト、ギリシア、ローマ
無常　　＝多神教＝仏教、日本神話

2．宗教の自然的背景

自然状況の違いによって宗教は異なる

人間の置かれた環境、自然状況の違いによって、人間の生活文化は異なる。このことは比較風土論の起った頃から言われてきた。生活文化の違いとは究極的には宗教の違いである。風土論の初期にはそのような認識は希薄であった。自然状況の違いによって宗教は異なる。現在の世界宗教と言われるものがいかなる環境から生じてきたのか。このことはよくよく研究してみる価値がある。

一般論で言えば、自然が厳しいところでは、自然と対決し、自然を克服する思想や宗教が生ずる。

ここでは現世的秩序ではなく、来世的秩序が求められる。自然が温和なところでは、自然と共存する思想や宗教が生ずる。ここでは来世的秩序ではなく、現世的秩序が重視される。

自然と人間の関係については、自然的風土論者が説くように、二つの型が存在する。自然が厳しいところでは、人間が自然を搾取することを基本とする、Ａ「自然搾取型」＝「解放系・直進的型」＝「西洋農耕社会型」＝「キリスト教の終末論・マルクス主義の発展史観」が生ずる。この場合の森の開墾は若芽を食べ森の再生を防止する家畜を伴うので、森の消失へと繋《つな》がる。

それに対して、自然が温和なところでは、自然と人間は共存することを基本とする、Ｂ「自然・人間循環型」＝「閉鎖系・円環的型」＝「日本農耕社会型」＝「自然と人間との共存思想」が生ずる。この場合の森の開墾は家畜を伴わず、したがって森は消失しない。

「永遠の命」の希求

こうした自然による宗教への影響を解する新種の説として、主産業に着目する取り組みがある。大陸に広がる牧畜と肉食が「永遠の命」を育み、日本での農耕と米食など（草食）が「無常」を生む、とする、上記の中山治説である。

この説においては、大陸には農耕民もいるが、同時に牧畜もしているので、大陸は牧畜文明として把握できるとする。そして、牧畜では、羊などを養い、その子孫を残すようにして、食用すれば、個体が変わるが、生命の連続性がある。それをヒントに人間も「永遠の命」を希求するようになる。それが宗教に反映され、キリスト教の天国、イスラム教の緑園、エジプトの冥界、神仙思想での現世での肉体不滅、などが理想化される。永遠の命を求める一神教や多神教の理論的支柱となっている。

現実の戦争などでは多数の「はかない命」が散るので、それを防止するためには堅固な要塞が不可欠となる。大陸の主要都市が要塞都市化するのはこのためである。はかない命だからこそ永遠の命への希求も生まれる。堅固な要塞と永遠の命は表裏一体の関係にある。

一神教が遊牧民の宗教であることは、『旧約聖書』によって明らかである。それは人類最初の殺人と言われる、カインによるアベルの殺害に象徴されている。カインは生計として農耕をし、アベルは牧畜をした。そこで神はアベルに目を留め、カインには目を留めなかった。その結果カインが妬みからアベルを殺害した。このように、神は遊牧民の理想が昇華したものなのである（創世記4）。

「無常」の諦観

日本神話においては、超越的力を持つ神さえもが死を迎える、ことが綴られている。生きとし生けるものはすべて必ず死ぬ。人間も神も例外ではない。これを「無常」と呼ぶ。これには無秩序（エントロピー）をどう考えるかが関わっている。無秩序とは「乱雑さの指標」のことであり、時間の経過とともに、秩序が崩れて、死に至る。これを「エントロピー増大の法則」と言う。つまり神もこの法則から逃れることができない。

この考えは仏教の考えに親和する。仏教は輪廻《りんね》転生を説き、そこからの解脱を目指す。解脱すればもはや生まれ変わることもなく、涅槃《ねはん》に至る。つまり永遠の消滅を迎える。「永遠の命」を希求するのではない。こういうことから、仏教が日本に導入されて以降、日本神話的なものと、仏教的なものが融合し、神道と仏教の習合する文化が栄えることになった。

３．一神教の戦争的背景

厳しい自然＋戦争

ユダヤ教、キリスト教、イスラム教の一神教は自然の厳しい中に生まれた。三つの宗教がともに聖典とする『旧約聖書』はそうした環境の中に生まれた。基本的に砂漠であり、石ころだらけの土地、岩塩に覆われた地もあり、畑にもできず、農耕もできず、水も限られたところにしかなく、食料と言えば家畜を殺すか、わずかなパンやブドウ酒などであり、そこに異民族が入り乱れる要衝の地であれば、食料やわずかの財産を巡っての争いが間断なく続くことになる。

こうした地で民衆が願望し成立する神とは、他民族の繁栄を呪う「嫉妬《しっと》の神」（怨念《おんねん》の神）、他民族の富を略奪し、搾取することを正当化する「征服の神」、今はある理由のために他民族の支配に服していても、いつかはあることによって他民族を征服できるとする「復讐《ふくしゅう》の神」（原罪論、堕落論、復活論）、今は厳しい自然に服していても、「いつかは自然を征服できるとする神」（自然征服願望）、などである。そうした複合的願望のもとに『旧約聖書』の神は形成される。

奴隷の宗教＝戦争の宗教

ユダヤ教、キリスト教、イスラム教のもとは、古代のイスラエルの人々の生活状態と信仰状態に起因している。信仰の主体はそこでは奴隷階級であり、被差別階級であり、被抑圧者であって、そこからいかにして差別階級になり、抑圧階級になるか、が最大の課題となる。そのためには、差別階級や抑圧階級といかに戦うかということになり、彼等を武力で打倒しなければならない。戦争しなければならない。

また、信仰の主体は被差別階級であり、被抑圧者であったから、差別階級や抑圧階級からの、想像に絶する弾圧、被害、苦しみを受けたので、理想の社会はこんなものではないはずだ、あるべき正義はこうだ、とする正義感が激しくなる。そしてそういう状態に陥れた差別階級や抑圧階級への恨み、憎しみ、憎悪は激しいものになる。激しい正義感を伴った恨み、憎しみ、憎悪は暴力的、破壊的、戦争的となる。

『旧約聖書』内の「連合戦争神」

従来は上記のように、厳しい自然環境から一神教が生まれたとの説が有力であったが、本書のテーマである、戦争の風土、敵対型文明と温和型文明の違いなどから、一神教とその他の宗教が分かれるとの説も浮上してきた。そうした説に有力なヒントになるのが、ユダヤ教、キリスト教、イスラム教の一神教のもとになった、古代ユダヤにおいて、「連合戦争神」（Bundeskriegsgott）が生まれ、その考えがゲルマン人や中東人に引き継がれていった、と考えられることである。

これを研究したのはかのマックス・ヴェーバーである。ヴェーバーの『古代ユダヤ教』（1920-21）の第1章に「連合戦争神の受容とその特徴」という節がある。それによると、神ヤーヴェはシナイ半島辺りの戦争神であり、カナンに侵入するユダヤの12部族が共同で祀《まつ》ったのがユダヤとヤーヴェとの結びつきの始まりであった。ベリースという契約によって成立した、戦争のための連合であった。しかしどういう事実からそのことが言えるのか、に関しては、明確とは言えない。察するに、ヨシュア記、士師時代、ダビデ王国の成立、北イスラエルの滅亡、南ユダヤの亡国あたりがそうであろう。それに「連合戦争神」がゲルマン人にも引き継がれている、とまでは明言していない。

これが引き継がれているとは後の研究者たちの解釈である。その代表者である中山治はマックス・ヴェーバー『古代ユダヤ教』での連合戦争神をもって、西洋文明は連合戦争神に基づく敵対型文明、要塞型文明である、と規定する。しかし、なぜそうであるかの綿密な論証を行っていない。いわば直感的規定である。

西洋は連合戦争神を抱くか

西洋は連合戦争神を抱くのか。そのことを歴史的に確認してみる。民族大移動の後、他民族との攻防では、西洋は対サラセン人（トゥール・ポワティエの戦い、8世紀）、対マジャール人（レッヒフェルトの戦い、10世紀）、対モンゴル人（ヴァールシュタットの戦い、13世紀）がある。それ以降はオスマン・トルコとの幾十の戦いとなる。すなわち、14世紀（コソボの戦い、ニコポリス十字軍）、15世紀（農民十字軍など）、16世紀（モハーチの戦い、第一次ウィーン包囲、プレヴェザの海戦、レパントの海戦）、17世紀の戦い（第二次ウィーン包囲）などである。15世紀の対オスマン・トルコでは実際には相当数の戦争があったが、農民十字軍で代表させることにする。そうすると、戦いの数は11となり、勝敗で言えば西洋の6勝5敗である。

これらの戦いにおいて「連合戦争神」を抱いて、各部族（国家）が結束して外国勢力と戦ったのであろうか。「連合戦争神」による戦争があったかどうかは、次のチェックとなろう。①「連合戦争」と言うからには、文明を構成する「全部族、全国家が参加」せねばならないし、②全部族、全国家をとりまとめる「宗教的権威が動く」ことがなければならないし、③その結果として「勝利」しなければならない。その条件に合う戦争があったのであろうか。

結果としては、①、②、③のすべてを満たす戦いはなかった。①の「全部族、全国家が参加」という条件が厳し過ぎるのである。地理的に、カナンの地においては全部族参加は可能であるが、広大なヨーロッパの地において全国家参加は不可能であろう。それに封建制下のヨーロッパでは総じて王権が弱体で、地方割拠的であるので、各地に散らばる全王権が集まるには無理がある。そういうことから、連合戦争神発動の条件を「戦地に近い数国家が参加」に条件緩和すると、①、②、③を満たす戦争は3件ある。農民十字軍、レパントの海戦、第二次ヴィーン包囲である。農民十字軍の場合は「宗教的権威」に相当するのは十字軍結成を呼びかけたイタリア人修道士であり、後の二つの場合はローマ教皇である。①と②を満たすが、③を満たさない戦いとしては、プレヴェザの海戦がある。①は満たすが②を満たさず、したがって③を満たさないものとしては、１件、ニコポリス十字軍がある。

不思議なのは、西洋にとって最大の危機であったはずの、第一次ウィーン包囲において、ローマ教皇が戦争神の役目を果たさず、ほとんど援軍なしだったことである。２回目のウィーン包囲では、フランスはオーストリアと敵対していた関係から、オスマン・トルコとの間で中立を守る条約を締結していた。ここに西洋の要塞文明たる権謀術数のすさまじさを見せつけられるのである。あるいは逆に言えば、この頃には全ヨーロッパが結束せずとも、オスマン・トルコに対抗できるぐらいに、文明力が同等あるいはそれ以上になっていた、ということであろう。

総じて言えば、他文明に対して、ヨーロッパ各国の結束力は弱く、「連合戦争神」の伝統というものもなく、これらの戦いにヨーロッパがほとんど致命的痛手を被らなかったのは、西洋が地理的に大陸の端にあったことや、偶然による相手側の引き返しや、偶然によって相手側の火砲力がなかったことや、偶然による相手側の集中力が発揮できなかったこと、などによるものであり、つまり西洋側の幸運といった面が強いのである。

4．一神教から帰結するもの

古代のユダヤ人の信仰から、ユダヤ教、キリスト教、イスラム教という一神教が生まれ、歴史の進展とともに、その勢力は拡大し、今や一神教は全地球上人口の半分を信者にするまでになっている。

その一神教の考え方から、日々の生活をはじめ、その他の人々に及ぼした影響を挙げてみる。

排他性原理

イスラム教はそれほどでもないが、キリスト教はその排他性原理が目立った。異教徒・イスラム教徒への十字軍（11—13世紀）、内部異端教徒への十字軍（13世紀）、異端審問所（16世紀）、魔女狩り（16—17世紀）などなど。その心理は「異教徒は人間ではない」に尽きる。キリスト教には汝の隣人を愛せよ、との教えがあるが、それはキリスト教徒内に限られる。異教徒には適用されない。自分の考えが一番で、絶対正しく、それ以外の自分とは違った考え方、見方、信仰をすべて認めない。こうした硬派の考え方はマルクス主義にも受け継がれている。

戦争指向的、暴力的、破壊的

排他性原理があると、異なる主義の宗派や政治勢力と対立するようになる。それに留まらず、その宗派や政治勢力を排除しようとなる。そうなれば、武力衝突、戦争となる。そうなった場合も、自分は勝利を得られるとの信念に満ちている。唯一神を信じているだけに、見返りに勝利を約束されている、と信じるがゆえに。もともと戦争的背景から一神教は生まれただけに、その後において、戦争的要素は随所に現れることになる。

神に約束する世界

一神教を信じる人は、家族を除いては、基本的に信じるのは、他人ではなく、神のみである。単に個人がそう思うだけでなく、社会的にもそういう雰囲気が漂う。だから、人が他人と約束事をするときは、相手の人間に約束するのではなく、神に約束するのである。結婚にしても、相手への誓いではなく、神への誓いなのである。だからカトリックでは離婚は認められない。

第２節　西洋のキリスト教

1．キリスト教概説

キリスト教の教典

キリスト教は第1節で見たごとく、「一神教」の一つであり、「軍隊式命令履行型宗教」であり、「啓典宗教」であり、「啓示宗教」である。啓典宗教、啓示宗教から言えば、キリスト教の啓典は『旧約聖書』と『新約聖書』である。ことの発端はイエスによるユダヤ教の批判であり、その言行とその死、弟子たちの行動をまとめて、『新約聖書』が成立した。ここでは「汝の敵を愛せよ」式に愛を教える。「汝の敵を愛せよ」「右の頬を打たれたら、左の頬をも向けよ」と聞けば、キリスト教とはいかにも高潔な、愛の宗教だ、と我々は感じる。

その後のキリスト教の発展により、『旧約聖書』が聖典に加えられた。そのことにより、キリスト教は『旧約聖書』の選民的、闘争的、排他的、羨望《せんぼう》的、懲罰《ちょうばつ》的、自己利益追求的、気まぐれ的、などの要素をことごとく引き継ぐことになる。事実として、カトリック教会においてそうであった。プロテスタンティズムおいてもそうであった。

『旧約聖書』を聖典に加えたキリスト教の性格のイメージは、東洋の仏教、日本の宗教との対比で言えば、次のごとしである。「貴族的」に対する「奴隷的」態度（本多顕彰）、「寛容な神」に対する「束縛の神」（清水馨八郎）、「自己否定の文明」に対する「自己肯定の文明」（安田喜憲）、「平和な民族の宗教」に対する「戦う民族の宗教」（田中英道）である。

キリスト教の明暗二つのイメージ

キリスト教の本質についてのイメージとしては、上記のように二種類ある。一つはA「愛の宗教」、というイメージである。二つはB「敵対憎悪の宗教」、というイメージである。信ずる者を保護するが、信じない者を弾圧する。つまりキリスト教徒は十字軍では蛮行を重ね、植民地支配では原住民を虐殺し、黒人奴隷を家畜のように使役する。これはどちらも真実である。このAとBとのアンバランスをどう理解したらよいのであろうか。

このように教義の内容と信者の行動の状態がこれほどに乖離《かいり》する例は他の宗教には見当たらない。キリスト教と起源を同じくするユダヤ教にしろ、イスラム教にしろ、このようなことはなく、教義と行動は一致している。インドのヒンドゥー教、仏教にしろ、中国の儒教や道教にしても、そういうことを聞くことはない。キリスト教は世界で唯一、教義の高潔性と信徒の行動の無鉄砲さ、残虐さとが際立つ宗教なのである。

それであるからこそ、キリスト教を主張する聖職者などは教義の高潔性のみを強調することになるし、反対にキリスト教を批判する評論家などは、歴史におけるキリスト教徒の蛮行、野蛮さを強調することになる。だから、前者のみを見てキリスト教の優秀性を判断してはいけないし、後者のみを見てキリスト教の野蛮さを判断してはいけないのである。

2. 教義（ドグマ）

「使徒信条」

ある宗教を分析検討する三つの要素がある、と言われている。それは①教義、②救済儀礼、③神義論である。ここでは、まず①教義（dogma、教理）を検討する。キリスト教は啓典宗教、啓示宗教であるから、『旧約聖書』『新約聖書』の中からそれを探らなければならない。

ただし、何に着目するかについてのヒントと言うか、これが重要教義であることを指し示す文書は、啓典そのものではないが、そこに書かれたものが両聖書の地盤に立つならば、それをも参考すべし、となる。そのような文書に、何を信じることがキリスト教徒と言えるのか、をまとめた文書があり、それらは「信条」と呼ばれる。

そのような信条は教義の形成途上で歴史上いくつも作られた。「ニカイヤ信条」（325）、「古ローマ信条」（2世紀後半）、「カルケドン信条」（451）、「使徒信条」（年代不明）などである。中でも現在においても使用され、最も重要なものは「使徒信条」（Apostles' Creed）である。

その「使徒信条」の内容は次のとおりである。第1条「我は天地の造り主、全能の父なる神を信ずる」。第2条「我はその独《ひと》り子、我らの主、イエス・キリストを信ずる。主は聖霊によりて宿り、処女《おとめ》マリアより生まれ、ポンテオ・ピラトのもとに苦しみを受け、十字架につけられ、死にて葬《ほうむ》られ、陰府《よみ》に下り、三日目に死人のうちに蘇《よみがえ》り、天に昇り、全能の父なる神の右に座したまえり、かしこより来《きた》りて、生ける者と死ねる者とを審《さば》きたまわん」。第3条「我は聖霊を信ずる」。第4条「聖なる公同の教会、聖徒の交わり、罪の赦し、身体の蘇り、永遠《とこしえ》の生命を信ずる。アーメン」。

この構成は神の「三位一体説」（Trinity）をみごとに現している。①父なる神、②子なる神、③聖霊に対して、一条ずつを当てている。その三者についての関係を直接現す文章はないが、第2条の中の「その独り子」「聖霊によりて」によって、三者は一体であることは表現されている。この三位一体説はユダヤ教にもなく、イスラム教にもなく、キリスト教独自の理論である。

哲学的な解釈としては、「使徒信条」の第1条は有神論、天地創造、第3条は聖霊実在説、第4条は教会指導説、原罪説と贖罪《しょくざい》説、霊魂不滅説（霊肉二元論、心身二元論）を説いている、と言える。

「使徒信条」の中心教義は第1条と信条の大半を占める第2条である。それは①神による天地創造⇩②人間の原罪⇩③神の子・イエスの受肉⇩④イエスの受難（贖罪）⇩⑤イエスの復活・昇天⇩⑥イエスによる再臨・最後の審判、とまとめられる。以降、この考えを「受難・審判説」と言うことにする。キリスト教とは畢竟《ひっきょう》するに「受難・審判説」なのである。このうち①と②はユダヤ教とほぼ共通である。つまりこの部分は『旧約聖書』による教義である。③〜⑥はキリスト教固有の説である。つまりこの部分は『新約聖書』による教義である。

救済を死後の世界に置く

「受難・審判説」のうち、キリスト教徒をしてキリスト教に魅惑を感じさせる説は何であろうか。それは⑥のイエスによる再臨・最後の審判である。キリスト教を信じておれば、死後において自分は救済される、ということである。古代ローマにおいてキリスト教が弾圧されていた中でも、中世ゲルマン社会においても、キリスト教が唯一の社会的宗教になった中でも、信者を獲得し、信者を安心させる最大の要素であったのである。民衆の大半が政権によって抑圧され、生命の危険が常にあり、物質的生活において満足のいくことのなかった、古代、中世、近代の民衆にとって、心の慰めとなるものは精神的なよりどころである。現世において救済されることは期待できず、来世において救済を期待するしかない。それにピッタリ合うような説が⑥イエスによる再臨・最後の審判であった。つまり、キリスト教徒として最大の観点は、自分は来世において救われる、救われたい、という希望であったのである。

ここで重要なことは、救済は個人個人によって異なる、ということである。つまり上記の①から⑥

までのことをすべて信じる者は救済され、信じない者は救済されない。信じる者はユダヤ人であろうと、ゲルマン人であろうと、その他の民族であろうと、救済される。ここからキリスト教は超民族的、普遍的宗教である、と言われる。このことは重要である。

同時に、同じ民族内にあっても、信じる者は救済され、信じない者は救済されない。つまりキリスト教は個人救済の宗教ということである。このことも重要である。それは「ゲルマン人のキリスト教」によって、その実際での異動、つまり理想と現実との差が明らかになるであろう。さらには、「西洋の個人主義」の遠因となるものであった。

受難・審判説の真理性?

このような突飛な説をなぜ人々は信じるのであろうか。この説の真理なることは何によって証明されるのであろうか。実際にイエスによる再臨・最後の審判があれば、その証明はできるが、多くの信者の願いも空しく、いまだイエスによる再臨・最後の審判は行われず、したがってその証明はなされていない。

しかし、信者は言う。イエスが死後蘇り、天に昇ったことを、当時の約200人が目撃した。それだからこそ、その中から複数の者、少なくとも4人がそのことを伝えようとイエス伝を書いたし、4人がイエスの教説を手紙に記したのである。こんなことはイエスが神であるからできたことである。『新約聖書』を形成する幾多の文書が現に地上に残ったことが、イエスが地上に現れ、天に復活昇天し、それがイエスが神である最大の証拠である。

その言い方でいくと、書物として残ったものはすべて真理を現していることになるが、現実として書物で書かれている内容は真理であることもあれば、そうでないこともある。要は信じるか信じないかの差、ということになる。

3. 救済儀礼（サクラメント）

キリスト教広くは一神教の場合、教義は啓典に則らねばならないが、「救済儀礼」（Sacrament、サクラメント、七つの秘蹟《ひせき》、奥儀、秘儀）はそんなものではない。逆に言うと、救済儀礼は啓典には載っていない。啓典の根拠のないものではあるが、信者を教会に繋ぎ止めておくための、キリスト教を民衆へさらに浸透させるためのもの、その秘策が教会儀礼である。この儀礼を続けておくと、あなた方教徒は救われますよ、というものである。

長いカトリック教会の歴史で、いつから個々の救済儀礼が定められたかは、中世の初期から徐々に整えられ、中世後期には現在の様式の原型はほぼ固まった、とアバウトな認識で良いだろう。これらの時代では、民衆は読み書きできず、したがって教義の浸透は望むべくもなく、もっぱらこの教会儀礼で教徒を繋《つな》ぎ止め、信仰の拡大を図った。これが宗教社会学からみると、大変重要なのだ。

問題は個々の救済儀礼である。カトリック教での救済儀礼は次の七つである。すなわち、①「洗礼」（Baptisma, Baptism）、②「堅信」（Confirmatio, Confirmation）、③「聖餐《せいさん》」（Eucharistia, Holy

Communion、ミサ、聖体拝領）、④「告解」（Paenitentia, confession、回心、赦し、悔悛、懺悔《ざんげ》、告白）、⑤「病者の塗油」（Extrema unctio, anointing、終油、癒し）、⑥「叙階」（Ordo, ordination、品級、叙任）、⑦「婚姻」（Matrimonium）である。

このうち、宗教改革ののち、プロテスタントにおいても継承されているものは、①洗礼と③聖餐のみである。それだけ少なくなったのは、プロテスタントが救済儀礼よりも教義を重視したことによる結果である。儀礼よりも、各国語による聖書に信者一人ひとりが向き合う、というのがプロテスタントなので、これは当然である。

①洗礼は聖霊によって、信者になる者と神が神秘的な結合をする、という意味である。③聖餐はイエスと一体化する儀式とされる。ここでワインとパンなどが使われる。プロテスタントにおいてもこれが残ったということは、プロテスタントも神的な意義を見出したからである。どのような意味か、ウルドリッヒ・ツウィングリの化体説、マルティン・ルターの共在説、ジャン・カルヴァンの象徴説などがあり、さまざまであった。

プロテスタントに受け継がれなかったもので、西洋の文化に大きな影響を与えることになったのは、④告解であった。これはラテラノ公会議（1215）以降、教会所属の全成人男女に義務化されたものであった。そのために、カトリックでは、司祭のためのマニュアルである贖罪《しょくざい》規定書を作成し、それに基づいて信者を指導するように、というものであった。このような告白の義務化とは、信者をして罪の意識の自覚化へと仕向けようとするものであった。違反者には地獄行きを言い渡した。

この④告解の文化史的意味について、ポスト・モダンの思想家・フーコーがおおまか次のように指摘している。すなわち、それは「西洋の原点」であった。一つにはそれにより、Ａ「個人の成立」が行われた。つまり「告解」の儀式を通じて、「自立的主体」としての「個人」が誕生した。ここから西洋の個人主義の基礎が固まった。もう一つはＢ「合理性の原点」であった。

ただ、この④告解はプロテスタントには引き継がれていないので、プロテスタントにおいては個人の成立はないのか、という疑問が出る。が現実には、カトリック国以上に、プロテスタント国では個人と個人主義が強固になっている事実がある。これをどう解するか。

一つの解釈は、プロテスタント国においても、十六世紀初頭以前はカトリック勢力圏であったので、宗教改革までの約三世紀間に、告解の慣例と伝統が行われていたし、それだけで個人と個人主義が確立するには十分であった、とする。

もう一つの解釈は、カトリックにおける告解は、信者が司祭に告白するものであるが、プロテスタントはそれには意味はないとし、信者は司祭にではなく、神に直接告白すべき、とする。プロテスタントは教会が間に入るのを嫌い、信者が神と直接対話することを主張するので、神への直接告白は意味があり、その告白なり対話は文書とか口頭とかでもなく、心の中においてでも良い、とされている。

このプロテスタントの神との直接対話が個人と個人主義を形成したとすると、プロテスタントではないカトリックでは、個人と個人主義を形成できないことになるが、現実にはカトリック国において個人と個人主義は形成されている。ここから言えば、カトリックにおける文書、口頭による司祭への告白も、プロテスタントにおける神との心の中での告白も、ともに個人と個人主義の成立には有効である、ことが分かる。

4. 神義論（弁神論、テオディツェー）

ある宗教を分析検討する三番目の要素は神義論である。これは啓典における教義でもなく、啓典に基づかない教会の慣行儀礼でもなく、啓典にもなく慣行儀礼にもない、その宗教の立場を守る考え方を述べる、理論領域である。教義に近い理論とも言える。

その理論領域は、一神教の場合の理論的弱点である、現実の世界での状況が必ずしも神の意向どおりには進展していないことへの、釈明というか弁明というか、それをどう解釈するか、という考え方である。神の意向どおりには進展していないことの最大のものは、神が全世界を創造したにもかかわらず、悪が蔓延《はびこ》っていることである。現実には神の意志に反するようなこと、悲惨なことや、悪が善に勝つとか、善行を尽くしているにもかかわらず何等報われないとか、いろいろ唯一絶対神の理論に反するようなことが行われている。これをどう解釈するのか。こういう状況で、唯一絶対の神が存在し、その支配を巡らしている、と言えるのか。

これについては、古代のイスラエルの民においても（例えば『ヨブ記』）、その後の信者の間においても、その解釈・説明を試みようとする者は幾人も現れたが、ハッキリとした文書でそれを提示し、この理論分野を確立したのは、近代初期の哲学者ゴットフリート・ライプニッツであった。ライプニッツは『弁神論』（1710）を著して、神の立場を擁護した。彼は次のように述べる。つまり、「もしこの世界に悪がなかったら、それはもはやこの世界ではない」と。まるで居直ったかのような発言である。悪が存在することによって、善が光り輝く、という理屈である。この理屈、理論によって、唯一絶対の神の立場が守られたか、その判断は後世の我々にある。

第3節　日本の「日本教」

1．外国人の観察＝日本人に信仰心なし

日本固有の宗教としては、日本神話や民間信仰に基づく日本神道、朝鮮や中国から伝わった仏教が日本的展開したもの、それらが民間信仰と合体した修験道、地蔵信仰など、中国から伝わった儒教信仰などが挙げられる。これらの宗教は世界的に見て、信仰が強固ではなく、啓典に基づかず、自然に基づいたもので、自然宗教と見なされてきた。

日本の自然宗教はいかにキリスト教などの一神教と異なっているのか。キリスト教などが宗教とすれば、日本の自然宗教は宗教と呼べるのか。キリスト教徒が日本の自然宗教を観察すれば、どのように写るのか。日本が西洋文明に影響を受けていない原日本であった、戦国時代から明治初期までに日

本を訪れたキリスト教徒たちの観察記をまずは一瞥したい。

①「信仰心が薄い、宗教的関心少ない、宗教に無関心」（全11件）

○「寺社なんかに一度も詣《まい》ったことはないと言ったり、宗教上の儀式を嘲笑《ちょうしょう》したり、それをいくらか自慢にしている日本人を我々はたくさん知っている」（ワシーリイ・ゴロウニン『手記』）

○「僧侶や神官、寺院、神社、像などの非常に多い国でありながら、日本くらい宗教上の問題に大いに無関心な国にいたことはない、と私は言わなければならない。この国の上層階級の者は実際にはみな無神論者である、と私は信ずる」（タウンゼント・ハリス『日記』）

○「既に述べたように、私自身の感じでは、どんな形のものになるにせよ、宗教は民衆の生活の中にあまり入り込んでいないし、それによく上流階級や教育のある階級の人々は、多少とも懐疑的ないし無関心である」（ラザフォード・オールコック『大君の都』）

○「宗教的行事や迷信は腐るほどあるのだが、上流階級や知識人階級では、信仰心も宗教心もまったく欠如している」（アレクサンダー・ヒューブナー『オーストリア外交官の明治維新』）

○「気質としては信仰心が薄い」（バジル・チェンバレン『日本事物誌』）

②「宗教的無節操である」（全3件）

○「現世の幸福と来世の恵みを得る手段として、仏教徒も神道信者も観音の寺へ行くようである」

（ラザフォード・オールコック『大君の都』）

○「仏教の各宗派間や仏教自体と神道の区別の問題については、ほとんどその違いは見極められないし、非常に不確かな資料しか得られない。日本人自身も、それについてはこれ以上の理解を持っている、とは思われない。のみならず彼等はこうした問題をほとんど気にかけていないし、宗派の区別なく、行きずりにどの派の寺院にでも構わずに入って行って、祈りを捧げる」（ルドルフ・リンダウ『日本周遊旅行』）

③「宗教行為は現世目的である」（全2件）

○「日本人が一応は宗教的目的から巡礼することが大好きだ、ということとは、少なくとも下層階級にはある程度生きた宗教的感情がある、という証拠と考えることができよう。伊勢への巡礼や三十三の主な観音の寺への巡礼が行われたり、最も有名な霊や神ないし仏寺への巡礼が行われる。これらの寺はそこで行われた奇跡と巡礼によって授けられるご利益のために有名なのだ」（ラザフォード・オールコック『大君の都』）

④「宗教と娯楽が結合している」（全2件）

○「奇妙にも彼等の宗教的な儀式や寺院が民衆の娯楽と交わり合い、そして娯楽に役立っていることが、私がそのような確信を持っている証拠の一つである。寺院の境内では、芝居が演じられるし、その他射的場、市場、茶店があり、花が展示してあったり、動物を飼ってあったり」（ラザフォード・オールコック『大君の都』）

○「日本の宗教について、これまで観察してきたことから、私は民衆の生活の中に真の宗教心は浸透しておらず、また上流階級はむしろ懐疑的である、という確信を得た。ここでは、宗教儀式と寺と民衆の娯楽とが奇妙な具合に混じり合っているのである」（ハインリッヒ・シュリーマン『現代の中国と日本』）

⑤「宗教的行動は形式的、習慣的、行楽的である」（全1件）

○「彼等（僧侶）が迎えられて、葬儀に出向いたのは、宗教上の信念からではなく、むしろ葬式の特別な性質からであった」（アレクサンダー・シーボルト『シーボルト最後の日本旅行』）

以上から、キリスト教諸国民から見れば、日本における信仰は、信仰があるとは言えないものである。上記の外国人指摘にはなかったものに、正月三が日の参拝人数の多さがある。最近の統計では、明治神宮に316万人、川崎大師に302万人、成田山新勝寺に300万人の参拝があると言っても、ただちに日本人に信仰心がある、とは断定できない。上記の外国人指摘の②、③、⑤の事例に過ぎない、と見なすのが妥当のようだ。その他の指摘のなかったものに、日本人は神道かキリスト教で結婚式を行い、七五三で神社にお参りし、仏教で葬式を行う、ということがある。これでは一体何宗に帰依しているのか分からない。

これらをどのように解釈すべきであろうか。橋爪大三郎によれば、神を信じない宗教がある（『面白くて眠れなくなる社会学』）。仏教がそうだし、日本の自然発生的宗教もそうである。それに、橋爪によって、宗教とは「同じような価値観をもって行動する集団の核となるもの」（『橋爪大三郎といっしょに考える宗教の本』）とすれば、西洋ほどの強固な信仰現象がなく、娯楽的要素も入っている日本の宗教らしきものも、立派な宗教行動ということになるだろう。

もう一つ参考になるのは中山治の見解である。日本人は宗教心があるにもかかわらず、無宗教であるかのごとく振る舞うのは、己の宗教的観念に確信が持てないからだ、とする。日本人の観念は常に脆弱《ぜいじゃく》で揺らいでいる。観念原理主義ではなく、情緒原理主義ゆえの宗教行動というわけだ（『「草食スピリッツ」の日本人』）。

2. 日本教とは何か

前記1の難問に挑んで解き明かしたのがイザヤ・ベンダサンの「日本教」である。ベンダサンは戦後25年目に『日本人とユダヤ人』で論壇デビューした。西洋と日本との比較文明論に、新しい概念を用いて、金字塔を打ち立てたのである。この書でのポイントは次の3点である。すなわち、①日本教は宗教（上記橋爪の解する意味での宗教）である。②日本人は日本教徒である（同上）。③日本教の根本理念は人間性である。

その後、ベンダサンはこの日本教概念を補填《ほてん》すべく、『日本教について』『日本教徒』を著した。その後、ベンダサンの実質の著者とされる山本七平が山本名義でさまざまな分野での著者を著した。そこでは、「日本教（徒）」という言葉は使わないものの、日本教に繋がるテーマ・題材も多く、その意味では山本の全著作も日本教の文献とも考えられる。

それではベンダサンが解き明かした「日本教」とはどのような宗教なのであろうか。ベンダサンあるいは山本の著作は常に明解というわけではない。ミシェル・ド・モンテーニュの『エセー』と同様、あるテーマについて、簡潔にまとめるというタイプではなく、少しずつあるアイディアを開陳していくタイプなので、解釈が分かれることにもなる。

谷沢永一の解釈

谷沢永一によると、最初の『日本人とユダヤ人』において、日本教の定義がなされていて、それは第6章終わりの部分である、とする。だが、その定義の部分の文章を記述するとなると、まるまる1ページ以上にもなってしまう。

谷沢の解釈によるベンダサンの考えでは、日本教の考えが端的に出ているのは、日本における新聞社の執筆立場である。欧米の新聞社では、不偏不党の立場は神のみぞ立ち得る立場なので、必ずどの立場に立つかを表明している。それに対して、日本の新聞社は公然と「不偏不党」の立場を表明する。

なぜそういうことがありうるか。日本では党派性ということを絶対に嫌がるのである。「すべてはどこか一個の太陽のような、宇宙にただ一つしかないような、真実がこの世にあるはずだ、ということがまずみんなの念頭にある」。日本人は「一度太陽のような日本教の光源に収斂《しゅうれん》したその全部の真実は、そのまま日本人が全部、胸に抱いている、という気持ちにならなければ、気が収まらない」。

もう一つの比喩で言えば、「いわば日本全体が一つの温泉の大浴槽であって、生まれながらに皆そこで同じ温度の中で、ほぼ似た体温で浸かっているから、その同じ湯の中にいる者同士が話し合ってこそ、会話が成立する」。「〝いい湯だな〟というのが日本人の根本理念で、その共通感覚は決して自惚《うぬぼ》れではない。入っているお湯の問題である」（『山本七平の智恵』）。

ベンダサンの言葉では、「日本の新聞の立場は……〝法外の法〟であり、日本教の宗規なのだ」。「日本人がよく口にする〝人間〟〝人間的〟〝人間味〟といった不思議な立場に断固として立っている、というより立たされている」。

赤松宏の解釈

赤松宏の解釈によれば、『日本人とユダヤ人』では、日本教の基本理念は「人間」である。「神学」は存在せず、「人間学」が存在する。つまり、日本教とは帰するところ「人間教」である。日本教の根本理念たる「人間」の定義は、言葉で説明することは難しい。すべて言葉によらず、言外で、つまり「言外の言」「理外の理」によってなされる。

例えば、為政者が改革を行って農民の了解を得ようとするならば、為政者と農民との話し合いで、「裸になって」つき合い、何事も「腹を割って」話し合える仲、つまり「二人称の世界」へ導こうとする。そのために、為政者は自ら清廉潔白で、何等私心のない「純粋人間」であることを立証しようとする。こうして為政者は「人間相互の信頼関係の回復」を行う。これは「人間」に対する確固たる相互の信仰があってのことである。このような日本教を体現する為政者・人物の代表者は恩田木工と西郷南洲である。

次いでは、『日本教徒』から。赤松の解釈によれば、日本教の根底をなす倫理基準は「血縁と犠牲の血縁関係」、例えば主人と郎党、主君と家臣についての絶対的忠誠である。絶対的忠誠とは「〝受恩〟は債務であるが、〝施恩〟は権利ではない」という原則である。その最大の違反者は「人を人と思わず」「世を世と思わぬ」平清盛であった。つまり、受けた恩に対して感謝もせず、自らの果たした功績を誇る、という挙に出たのである。以上は「人間関係のみを基準に行動すること」に他ならず、これが「ナツウラ（ネイチャー、自然）の教え」である。これこそがすべての自然界が則るべき自然法「日本教的自然法」である（『西洋と日本』）。

鷲田小彌太の解釈

『日本教について』から。鷲田小彌太によれば、日本教の定義に関しては、a日本人には人間という概念があり、これから万人共通の一つの基本的な教義を引き出し、その教義に基づいて相手を説得するわけで、何かを論証するのではない。b日本語そのものが言わば日本語の宗教用語であって、その基礎は教義であって論理ではない。つまり「教義を援用して条理を尽くして諄々《じゅんじゅん》と説く」以外に、言葉を使う方法がない。

このような日本教であるが、問題点としては次の三つがある。①日本教の教義は言葉で明示されていない。時と場所と相手次第で、融通無碍《ゆうずうむげ》に変化する。無規定で曖昧模糊《あいまいもこ》たる人間の教義にすぎない。②「言葉」（ロゴス＝論理）に無自覚的である。日本人は「実体語」で語らずに、「空体語」で語る。「弥縫策《びほうさく》」（a half-measure）として「実体語」を喋る（弥縫とは一時的に間に合わせること、取り繕うこと）。これこそ「バランス」論である。③弥縫策はユダヤ教徒には許されざる「条理を尽くして諄々と説く」説得術（非論理）に過ぎない（『山本七平』）。

3．日本教の教義（ドグマ）

日本教には、本来、教義も救済儀礼も神義論もありえない。これが日本教の特徴である。日本教のファンダメンタリズムなどもない。なんとなれば、上記で見たごとく、すべて言葉によらず、言外で、つまり「言外の言」「法外の法」「理外の理」によってなされるからである。以下は山本七平、小室直樹『日本教の社会学』による。

教義については、社会学的意味としては、集団加入のための判定条件である。つまり、教団ないしは宗教に対するパスポートであり、これを承認すれば、教団に入れてくるが、承認しなければ、入れてはもらえない。

教義に代わる空気

日本教において、言葉による教義はない。それに代わるものが「空気」である。空気はああしろ、こうしろとは、はっきりしていないので、規範とは言えないが、社会学的特性が規範と同じなので、規範性がある、と言える。規範の社会学的特性としては、①正当性を有する、②その遵守が要求される、③遵守しない場合には制裁が加えられる、ことになるが、空気もこれらの特性を持っている。空気は群集心理とも違う。あの大本営の決定でも、すべてを知り尽くしている専門家の対論の結果だからである。

教団に入っている以上は、生命を捨てても従わなければならない。そういう性格であるから、空気は恐るべき規範性を持って迫ってくる。そして、違反したら処断される。しかし、処断される意味が違う。軍法会議にかかるという意味ではなく、「おまえは日本教徒ではない」と詰め腹を切らされる。それだけでなく、議論しただけで大変なことになる。

空気発生の条件

空気発生の条件としては、次のことが言える。①絶対的唯一神との契約という考え方がある社会では、あり得ない。②歴史という考え方のある社会でも発生しない。③日本では、規範が存在しないし、歴史的な時間という考え方もない。空気は瞬間的、時限的にドグマを作る。

このような不合理極まる空気が、なぜ日本でそれほどまでに暴威を逞《たくま》しゅうするのか。一つの点は教義学の中心たる組織神学を全部抜いてしまうからである。各人にとっては一つの絶対的対象と自分の規範、この二つがあるだけで、真ん中を繋《つな》ぐ明確なものがない。二つ目には、空気がドグマになると、事実判断と規範判断の区別がなくなるからである。

空気をつぶす方法

空気をつぶす方法というのは一つしかない。空気が規範化されればドグマになる、という前提のもとで言えば、ある場合には事実を言うことが日本教への背教になる。日本教徒にとって、父が羊を盗んでも、「確かに盗んだ」という事実を言ってはいけない。「実情」を言わねばならない。

空気によるドグマの成立過程では、「実体語」と「空体語」が関係している。実体語と空体語の天《てん》秤《びん》がある。それは、下に自然があって、その上に人間という支柱があって、この支柱の上に天秤がある、という構造である。片方に空体語を入れて、もう片方に実体語を入れる。これでバランスを取っている。

空体語即空気ではなく、空体語と実体語がバランスを取って、人を社会学的に機能させている状態が空気である。また、空気を醸成する言葉が必要になる。この空気的機能で自然的人間から、社会的人間として機能する。これを機能させている空体語が際限なく拡大すると危険なので、一方に実体語を置いてバランスを取る。

例えば、太平洋戦争末期。「無条件降伏」という実体語があれば、「一億玉砕」という空体語でバランスを取っている。ある時点でこれ以上空体語を積めなくなる。そこで天秤の支点を移動させてバランスを取ろうとする。つまり、支点を限度まで動かして、バランスが崩れれば、天秤はくるりと一回転して、空体語も実体語をも振り落とす。これが終戦である。そして虚脱状態になる。

4. 日本教の救済儀礼（サクラメント）

キリスト教の救済儀礼と日本教の救済儀礼を比べた場合、対応するのは次の三つぐらいであろうか。つまり、キリスト教の洗礼に当たるのが日本教の「自然」であり、聖餐《せいさん》に当たるのが「人間」であり、告解に当たるのが「本心」である。

洗礼に当たる「自然」

キリスト教の洗礼に当たる日本教の自然ということでは、日本的序列が問題となる。一般的に、共同体においては、共同体内の特殊規定が、階級という一般的規定よりも優先する。例えば、野戦病院に入院すると、瞬間に入院順序列になる。ここでは、共同体に編まれることが決定的に重要である。自然年齢というのとは別の秩序である。つまり、牢名主の論理なのである。内務班、病院のような、すぐれて日本教的な共同体においては、日本教的な宗教社会の序列による序階が作用する。その組織に早く入ることが序階を決める。

日本的序列が際立っているのは、代議士の当選回数、官僚の入省年次、会社での入社年次などである。ここでは、外の秩序、集団内のその人の機能はまったくの無意味である。日本的序列は単なる序列ではなく、一種の序階である。これは宗教法上の序列であり、世俗法上の序列とは違う。

聖餐に当たる「人間」

次に、キリスト教の聖餐に当たる日本教の人間、そこから出てくるのは「純粋」という名の情緒規範である。「政治も情が基本である」を信条とする西郷隆盛は日本人から愛される。純粋であれば、どんな悪いことをしても許される。例えば、頭山満は人を殺したし、借金を踏み倒したし、賄賂《わいろ》も取ったし、強迫も日常茶飯事であった。しかし、すべては国のためとして、詫びるところがない。なので人気があり、尊敬する人も多い。彼は情緒規範しか持たない。「純粋人間」は情緒規範だけで、ある意味空体語だけである。ふつうの人間は実体語の方でバランスを取らなくてはならない。

純粋人間のタイプには、①情緒規範の人間、②空体語の人間、③教養学（組織論的発想）を持たない人間があるが、三つは同値である。それに対する「不純人間」（非人間）は、①実体語のみに即する人間、②組織論のみを有する人間、③情緒規範ではなく論理規範のみを有する人間であり、三つは同値である。

「できた人間」とは実体語の方にも対応し、情緒的反応しかしない人間にも、「分かった、分かった」と言わなくてはならない。「おとな」とは純粋人間と不純人間との間の均衡を取る人間である。情緒状況的に反応して死した場合、「殉教」ではなく、「殉情」である。

告解に当たる「本心」

キリスト教の告解に当たる「本心」からは日本的許しの構造が帰結する。正式な組織を制御するのが社規、社則などの正規の規範（ノルム）であり、会組織を制御するのが下位規範（サブ・ノルム）である。日本の会社では、社規、社則を読まなくて良い。けれども会社としては機能している。日本で良くできた人は身分がどんなに上っても、昔の先輩に対して依然として後輩の態度を取る。

日本的許しにおいては、次の条件が存在する。すなわち、①まず情緒規範的でないといけない。つまり自分の本心を証明するという態度を取って、自分がまず純粋であることを証明しなくてはならない。②組織論に立ち入ってはならない。③実体語を口にしてもならない。空体語で喋らなくてはならない。

この条件に違反したのが天皇機関説の美濃部博士である。①純粋でないものを純粋と言った。日本的に言って大嘘つきである。情緒的に「あくまでおれが正しい」と言い張った。七つの罪に該当する。しかし、「私は知らざるうちに不敬を犯した。ああ、なんとも申し訳ない」と貴族院の壇上で涙を流せば、菊池男爵も涙を流してお仕舞いになったはず。②美濃部氏の理論そのものが組織論である。おまけに組織論として正しいことを弁証した。

もう一つの例。承久の乱のとき、北条泰時は事実上において絶対的に否定しているものを情緒的に最高に肯定した。つまり父・北条義時追討の院宣に対して、逆に天皇に刃向かい攻め入った。そのくせ京都で明恵上人からそれを指摘されると、はらはらと涙を落とした。不敬の代表は伊藤博文であり、天皇を「天皇」と呼ぶが、「陛下」と呼ぶべきである。忠孝の代表は小説家の佐藤紅緑であり、「今日も陛下はご無事であらせられる」といつも言っている。

5. 日本教の神義論（弁神論、テオディツェー）

一神教では困った問題がある。神が絶対ならばなぜ悪があるのか。それを弁明するために神義論が必要になる。日本教では、もとより一神教ではないので、神義論は必要ない。が、現実は善があり、悪があるのだから、悪魔がいつの間にか神になったりする。祟り神が多い。

それをどう解するか。悪心をそのまま放置するのは良くないので、お供え物という賄賂《わいろ》を使って、悪神を封じ込める。悪心出てきてくれるな、というわけである。菅原道真が典型的である。ではなぜそのような神社に手を合わせて拝むのか。尊崇ではなく忌避しなければおかしい。だが神には善とか義とかはない。サンマの頭でも機能すれば、神である。だから、石門心学の鎌田柳泓《りゆうおう》は「神は本皆空名なれども、……すでにその名あれば、則ちその理ありて、その応もまた各々むなしからず」と言った。

神義論と教義（ドクマ）とはある意味表裏一体のものである。神が義である、とすれば、教義ができる。となれば、一つのシステムになる。そして対応する組織ができる。例えば、技師長をセールスマンにするということは組織原則としてはおかしい。組織原則としておかしいことをやろうと思ったら、空気を作るより仕方がない。「おまえ、そんなことを言うけど、今はそんなこと言っている時代ではない」。日本教においては、空気イコール教義である。その教義は神義論から出てくる。しかも空気は根本的には機能的要請から出てくる。

『旧約聖書』のヨブは平気で論争する。日本教ではそのとき論争してはいけない。空気を作る者は機能的要請を的確に知る。的確に知って、それが実際の組織で作動するように、空気を作る。神義論から新しい教義を作る。その人はその意味で教祖である。組織をもって、逆に空気の方を規制してはならない。空気は組織を規制して良い。そうでないと、空気が濁って、はなはだ困る。この二つをどのように平行させて、運営させていくか、が日本のリーダーの一つの資格になる。ともかくも空気を作った者は日本を制する。

6.「日本教」の宗教性

ここから明らかになることは次のとおりである。日本人には一神教の人たちが信じるような信仰はない。しかし「日本教」も、橋爪による宗教の定義「同じような価値観をもって行動する集団の核となるもの」からすれば、立派な宗教なのである。その核は「人間」であり、「空気」である。それは世俗の原則である「人間関係社会」「情緒原理主義」に対応しているのである。

終章　日本人の評価

1．敵対型文明人から温和型文明人を眺めれば

日本文明の欠点は温和型文明（人間関係社会）の欠点であり、それは敵対型文明（原則関係社会）からの批判点でもある。敵対型文明（原則関係社会）では、国家・社会レヴェルで攻撃的であるが、それは個人レヴェルでも同様で、常に他人に対して自分はエライのだ、とアピールする必要がある。そのために弁論術や戦略・戦術が発達する。

それに対して、温和型文明（人間関係社会）では、国家・社会レヴェルで常に平和的であり、それは個人レヴェルでも同様で、互いに同質だとの意識から、「あうんの呼吸」で通じるので、戦略・戦術や弁論術が発達しない。各個人は自分はエライのだと訴える必要がない。

このような温和型文明（人間関係社会）の人間に対して、敵対型文明（原則関係社会）の人間はどのような評価をするであろうか。20世紀後半から以降、多元的な歴史観、文明観の発達、普及によって、学問レヴェルでは各文明は同等である、との考えが強くなってきたものの、個人レヴェルではまだそこまでは到達していない。敵対型文明（原則関係社会）の代表としての西洋文明から温和型文明（人間関係社会）の人間を見れば、個性のない、自我の発達していない未熟児である、と見なされる運命にある。

かつての日本（人）酷評論の本を紹介しておこう。まず、学術書においては、ルース・ベネディクト『菊と刀』（1946）がある。これは太平洋戦争中、アメリカが敵国日本を研究したことの成果であ

り、第二次大戦で欧米が勝ち、日本が敗れたそのことを高らかに謳《うた》ったものである。形式上、学術書であるので、欧米の原理（原則関係社会）と日本の原理（人間関係社会）は異なる並立する原理であるとしながらも、結局は欧米の原理（原則関係社会）が優れていることを、欧米人宛に分からせる内容になっている。

次いで、アメリカの公式筋のものとしては、①対日貿易戦略基礎理論編集委員会編『公式日本人論』（1987）、②馬野周二監修『米ＣＩＡレポート「ＪＡＰＡＮ２０００」の深層を抉《えぐ》る・対日宣戦教書！』（1992）がある。①の副題は「「菊と刀」貿易戦争篇」であり、i「日本語」、ii「日本人論について」、iii「日本人の特徴」、iv「日本人の本質」を検討している。

個人の書いたものとしては、M・トケイヤーというユダヤ人による三部作があった。①『日本人は死んだ』（1975）、②『日本病について』（1977）、③『新・日本人は死んだ』（1982）である。それぞれの副題は①「〝仕方がない〟の哲学では蘇生できない」、②「蝕《むしば》まれた国の診断書」、③「家庭から日本の崩壊は始まっている」だった。その他、④ロバート・ツチガネ『アメリカでは常識のニッポン人取扱い説明書』（2004）がある。

その他としては、ジョエル・シルバースティン『日本人はまだ十二才』（1994）という本がある。章のタイトルからして、日本人の欠点を端的に表している。曰く、①「日本のオフィスは、自分で責任をとれないオトナコドモの〝レジャーランド〟である――日本のビジネスマンはまだ十二歳」、②「日本人は、危険を感じると頭だけ隠す〝ダチョウ〟である――日本人の社会はまだ十二歳」、③「日本は、自分の常識より、おしきせの常識を信じる〝定食国家〟である――日本人の価値観はまだ十二歳」、④「日本は、デモクラシーよりショーグンのほうが似合う〝しいたけ国家〟である――日本の政治はまだ十二歳」。

シルバースティンのもう一つの著書『アメリカ人から見た日本人』（1997）も覗《のぞ》いておこう。同様に各章のタイトルは、①「日本のビジネスマンは夜だけ侍の〝未熟大人〟」、②「日本の社会は、何でも見て見ぬふりをする〝ノートラブル社会〟」、③「日本の国家は、何でも人に決めてもらう〝定食国家〟」、④「日本の政治は、国民にだけガマンを強いる〝ショーグン政治〟」となっている。どうであろうか、二著ともに当たっていなくもない。

欧米人による日本人の精神・行動批判として、もっと身近なところから見ていこう。欧米人と日本人が英語で話をするとなると、たちまち欧米人が気づくのが日本人の話題の低レヴェルさである。どんなエライ人でも、天気のことやプライヴェートなことしか話さない。知的な対話ができないのである。欧米人はガッカリするし、次からその人との話を避けるであろうし、軽蔑もするであろう。人としての魅力がないのである。

また、○take があって、give がない、○プライベート意識がない、秘密の守れない国民だ、○feeling、空気で動く、だから論理思考がない、○why-because がない、ゆえに日本人になぜ（why）と聞いても無駄だ、○建前と本音の使い分けをする、つまり嘘つきだ、○理想論や建前論ばかりを吐く、○プリンシプルがなく、状況のまま行動するので、彼等の言動には一貫性がなく、矛盾に満ちている、主体性のない国民だ、○国際的コミュニケーションのルールを知らない、○過去を水に流す楽観的国民である、などなど。

こう書いてくると、読者諸氏は、クール・ジャパンと上記の日本酷評論とはどういう関係なのだ、ということが気になると思う。クール・ジャパンは欧米人の中で、日本に来たことがある人や日本を知る少数派にしか浸透しておらず、多数派は上記のようである、と認識しておいた方が良いであろう。これを機会に、決して自信を失うことなく、多数派欧米人の常識を知っておくべきである。

2. 日本理解派の増加

戦後日本が経済復興を遂げて、経済大国になって、来日外国人や在日外国人が増えるにつれ、そして日本や日本人について欧米人の理解が進むにつれて、敵対型文明（原則関係社会）の人と言えども、日本人に好意的な解釈とか説明とかをする人が現れるようになった。

戦後の経済復興からバブル崩壊までは、アメリカをも脅かす経済発展を遂げるようになったので、それができるようになった要因は何か、欧米各国は官民を挙げて、日本分析レポートを数多く作成することになる（タイム誌、エコノミスト誌、フォーブズ誌、アメリカ商務省、アメリカＣＩＡなど）。こうした経済・経営分野での成果には、ジェームズ・アベグレン『日本の経営から何を学ぶか』(1974)、エズラ・ヴォーゲル『ジャパン・アズ・ナンバーワン』(1980) などがあった。

本書で取り扱う日本人論、日本社会論としては、そうした名著が出てくるのは経済・経営分野よりも遅れてであり、バブル崩壊前では、トレバー・レゲット『紳士道と武士道』(1973)、グレゴリー・クラーク『日本人・ユニークさの源泉』(1977)、ロレンツ・ストウッキ『心の社会・日本』(1980)などがある。これ以外にもエドワード・G・サイデンステッカーやドナルド・キーンのエッセイ類などもこの種の成果である。

バブル崩壊以降は、関心が経済から文化へと変わったこともあり、多くの日本人論・日本文化論が生まれることになり、いちいち紹介できないほどである。例えば、ロジャー・パルバース『日本ひとめぼれ』(1997)、オリヴィエ・ジェルマントマ『日本待望論』(1998)、エリー・コーヘン『大使が書いた日本とユダヤ人』(2006)、ジェフ・バーグランド『受ける日本人・繋がる日本人』(2011)、ロジャー・パルバース『もし、日本という国がなかったら』(2011)、ルース・ジャーマン・白石『日本人が世界に誇れる33のこと』(2012)、ベン・アミー・シロニー『日本の強さの秘密』(2013)など。

その後も、マンリオ・カデロ『だから日本は世界から尊敬される』(2014)、フォルカー・シュタンツェル『ドイツ大使も納得した、日本が世界で愛される理由』(2015)、ヘンリー・S・ストークス、加瀬英明『英国人記者が見た・世界に比類無き日本文化』(2016)、ケビン・M・ドーク『日本人が気付かない世界一素晴らしい国・日本』(2016)、マンリオ・カデロ、加瀬英明『世界で一番他人にやさしい国・日本』(2016)、マーティン・ファクラー『世界が認めた「普通でない国」日本』(2016)、石黒マリーローズ『日本だから感じる88の幸せ』(2017)、ルース・マリー・ジャーマン『日本人がいつまでも誇りにしたい39のこと』(2018)など。

これらの書はバブル崩壊前のジャパノロジストの著作とはどのように違うのであろうか。エドウィン・ライシャワー、ピーター・ミルワードなど、日本独自の現象、領域などに、何の先入観もなく分け入って、日本的なものの何かを求めようとする気はあるものの、従って7・8割は日本的原理を称賛または理解示すものの、最終判断では原則関係社会の原理に則って、人間関係社会原理を遅れていると判断するのである。上記に挙げた著者にはそのような姿勢がない。純粋に人間関係社会の原理は何なのかを追求し、それは原則関係社会の原理とは別物であって、優劣はなく、場合によっては人間関係社会原理の方が良く、場合によっては原則関係社会原理の方が良い、とする。

ルース・マリー・ジャーマンが、21年4月10日と6月12日の「世界一受けたい授業」で講師として出演していた。彼女が4月10日に紹介したのは、コロナ収束後行きたい国ランキングで日本は1位（46％、2位は韓国の22％）、移住したい国ランキングで日本は2位であった（1位のカナダも移住したい国希望では1位に日本を選んでいる）。日本に行きたい理由としては、①礼儀正しい国だから、②清潔だから、③治安が良いから、④料理が美味しいから、⑤思いやりの心があるから、であった。

②清潔については、訪日外国人の意見としては、〇みんなゴミを捨てずに掃除をして帰るのがスゴイ、〇日本人はゴミ箱がなければ持ち帰る、〇みんなで街をキレイにしようという気持ちが素晴らしい、〇日本人は次に使う人のことを考えている、が挙がっていた。

③治安については、訪日外国人の意見としては、〇コーヒー店でバッグを席に置いたまま、コーヒーを取りに行っても、バッグが盗まれないのに驚いた、〇ＰＣやスマホを席に置いたままでも、平

気なんて信じられない、◯小さい子供が地下鉄を使って学校に通っているのがビックリした、ロシアでは地下鉄は危ないので、絶対にありえない、との声が出ていた。

ここからも分かるとおり、日本人は世界からは案外尊重され、尊敬されているかもしれないし、それをもとに日本人はもっと自信を持たなければならない。平成時代は日本は停滞のときで、世界では日本を追い越す国がどんどん出てきて、おまけに貪欲な隣国から侵略されようともしている。そういうときこそ、日本はそういう国とは訳が違う、世界をリードすべき精神と体質をもっているがゆえに、泰然と世界に対処してゆくべきである。

3. 温和型文明は人類の理想

上記２「日本理解派の増加」に出ていた多くの外国人は次のように感づいているはずである。それは日本文明は世界中の多くの文明国とはその文明が違う。世界で支配的な文明は、戦略や軍事に力を入れ、政治では議論の力で決するし、社会や宗教では原則が支配している。多くの論者はそうしたのが当たり前であり、それに対して何々文明などと命名はしていない。日本はそうした文明とは隔絶した唯一の文明である、そうした文明は世界的に守らなければならない、と判断している。敵対型文明と温和型文明というように理念化してはいないが、それと同様のことを感じているのである。

こうした認識は戦後高度成長あるいはバブル崩壊後強くなってきたが、実は欧米人が江戸末期の開国後、日本に来るようになってから、そういう考えはあった。例えば、タウンゼント・ハリス、ヘンリー・ヒュースケン、バジル・チェンバレン、ポール・クローデル、アルベルト・アインシュタインなどである。これらの人々にあっては、世界が西洋文明化することによって、日本文明もその波に揉《も》まれ、日本文明は廃れるのではないか、と気を揉んでくれていたのである。例えばクローデルは言う。「私が断じて滅びないことを願う一つの国民がある。それは日本人だ。あれほど興味ある、太古からの文明は消滅させてはならない」（市原豊太『言霊幸ふ国』）。

そういった考えは、もしかしたら日本のような温和な文明が人類の理想的文明かもしれない、の考えになっていく。開国間もない頃来日した欧米人にこういう考え方の人が多い。例えば、タウンゼント・ハリス、エドゥアルド・スエンソン、チャールズ・ロングフェロー、ジョルジュ・ブスケなどである。工業化はされていないが、庶民が伸び伸びと、自由に、楽しそうに、生活を楽しんでいる、まるで地上の楽園ではないか、と。ブスケは言う。「国民の幸福が不動、ということにあるのだとすると、確かに地上ではこれに比すべき黄金時代は未だかつて見られなかった」（『日本見聞記』）。これらについては、前々著『日本道徳の構造』の冒頭に詳しい。

上記は訪日外国人の日本についての見解を辿ってきたのであるが、ここからは理論問題として検討してみる。つまり、第5章まで、世界的には敵対型文明国が多いので、現実問題として、温和型文明は敵対型文明に合わさざるをえないことを説いてきたが、翻って人類の理想としては、どちらの方が良いのだろうか。これについては温和型文明である、ことは明瞭である。

世界政府がなく、世界各国間の権謀術数、弱肉強食、優勝劣敗、軍事的衝突、などが頻繁に出現する状態では、敵対型文明のルールに則って、何事も行われるのは自然である。しかし、その状態は好ましいと言えるのだろうか。

地球を何度も破壊し尽くす大量破壊兵器、原子爆弾、水素爆弾、ミサイル、などを有力国が所有している状況で、敵対型文明のルールで有力国家が争いを続けていけば、何かの拍子で、大量破壊兵器が爆発、飛翔《ひしょう》し、それが原因で地球が消滅するとも限らない。現行の敵対型文明国指導の国際政治ではこういうことが起こりうる可能性は常にある。空恐ろしいことである。

そういうことを前提に、敵対型文明の恐ろしさ、はかなさを悟り、人類の理想である温和型文明になるべく、世界が動くべきである。あるいは世界はそのように動きつつある。そのことを訴える人としては、日下公人（『21世紀、世界は日本化する』2000年）、榊原英資（『辺境から中心へ――「日本化」する世界』2011年）、佐藤芳直（『なぜ世界は日本化するのか』2017年）がある。

あとがき

本書は今まで私が手がけてきた文明論、文化論の総仕上げ的な著作である。２００８年には『弁論術の復興――欧米式議論術の修復と教育の必要性について』を出版した。ここの内容は本書では第3章に当たるものであり、分量的にはそこでの約4分の1が本書に繋《つな》がるものとなった。

２０１４年には、『西洋文明の謎と本質――西洋が近代化できた訳』を上梓した。ここでは、すでに「敵対型文明」と「温和型文明」の区分け、タイプ化の考えは定着していた。用語としては、「要塞型文明」と「非要塞型文明」という語を使っていた。この書で取り扱っていた項目としては、風土としての戦争、要塞による防御、キリスト教、武力と精神による外敵打倒、個人主義、強力な自己主張などであった。

２０１９年には、『外国人の日本観察記から読み解く日本道徳の構造』を出した。ここにおいては、「敵対型文明」と「温和型文明」という用語を使っていた。そして実は本書の粗方の概要をも提示していたのであったが、幸いにもと言うべきか、大方の関心を引かなかったがゆえに、残念であったと言うべきか、それをヒントに本書のような文明論、文化論を展開する人はいなかったようである。

つまりその書では、本書におけるような全体のアイディアを提示していたので、その書を見て先に同じような議論展開して本にしてしまうことを、私自身は恐れていたのであるが、それは杞憂《きゆう》であった。そのためにも、本書の著作化を急いでいたのであった。

この書の内容は本書では第4章第4節「日本の道徳」に当たる。日本道徳の徳目についてはこの書において、詳細に検討済みであったので、本書においては徳目群と徳目の整然たる記述のみに留めた。詳細についてはこの書を参照願いたい。なお、本書においてはベネディクト批判をたいして行っていないが、この書ではそれを行っている。

本書の執筆は本年4月初めから開始し、6月末には第1校は完成した。7月の1カ月とちょっとを要して、校正、推敲《すいこう》を繰り返し、第7校にて、8月10日頃にようやく完成した。真夏の7、8月には執筆は避け、校正、推敲作業のみにする、という計画どおりにいったのであった。

分野的には広範囲にわたるので、各章の検討段階では、問題点が続出した。第2章関連では、原稿段階での校了間際で、日下公人氏の「優位戦思考」を知ることになった。その考えをできるだけ導入したいとも思った。優位戦思考で太平洋戦争を考えればどうなるか、が焦点であった。日下氏のそれに関する2冊の本を中心に渉猟したが、優位戦思考は政治や外交では顕著に現れるが、軍事ではどうかなと思ったし、日下氏が考える太平洋戦争と本書が捉えるそれとはたいして違わない、との判断に達して、一部の修正に留めた。

合理主義をどう取り扱うか、も問題であった。第2章の西洋の戦略、第3章の西洋の議論の背景には、合理主義があるのは当然である。『西洋文明の謎と本質』では、合理主義を重要なファクターとして取り扱っていた。ただし、それは近代合理主義であった。本書でのユーラシア大陸の文明と日本文明の比較では、基本的に近代以前のもので比較せざるをえない。ここでは、確かに大陸での合理主義、日本の非合理主義は言えるが、全体の流れの中では、章立て、節立ては難しく、採り上げは断念せざるをえなかった。

第4章関連では、道徳の取り扱いが問題となった。つまり道徳を第4章の世俗の世界で扱うか、第5章の聖なる世界で扱うか、という問題である。キリスト教など一神教の観点からは、道徳は宗教とセットであり、第5章で取り扱うべきである、ことになる。他方、日本においては、道徳は一部宗教の影響を受けているものの、自然に成立しているのが圧倒的なので、第4章で扱うべきとなる。これからいけば、西洋の道徳を第5章で扱い、日本の道徳を第4章で扱う、というアンビバランスな取り扱いもありえた。しかし、同一章で同一現象を取り扱うという原則から、第4章でともに取り扱うこととした。

第5章での西洋などの一神教に対置するに、日本の「日本教」をもってしたが、日本での個々の宗教、例えば仏教、神道、民間信仰などを対置すべきではないのか、との考えがあることは十分承知している。しかし、そのように個々の宗教を個別に取り上げていくことは、煩雑でもあり、それよりも日本教で対置する方が手っ取り早い、との考え方から現行のようになった。この点は批判の出るところだ、とは承知している。

ともかくも私としては、「敵対型文明」と「温和型文明」の全体像を示したかった。私の独自性ということでは、第2章と第3章を展開したことであり、第4章と第5章については、基本的に既存の説を拝借して説明することになったが、随所に独自説を散りばめるように、気を遣ったつもりである。「はじめに」で記したごとく、第4章と第5章関連の現象論では、グレゴリー・クラーク理論、中山治理論、山本七平理論など、理論的に完成したものも多く、それらの原因を敵対型文明と温和型文明の中に求め、全体の敵対型文明と温和型文明のイメージ作りをしたのが本書である。敵対型文明と温和型文明の全体概念が広く世間に知られることを切に希望している。

2021年　8月6日

青木　育志

イザヤ・ベンダサン『日本教徒――その開祖と現代知識人』角川書店、1976年
谷沢永一『山本七平の智恵』ＰＨＰ研究所、1992年
赤松宏『西洋と日本――言葉、理論、思想、方法論の相違について』晃洋書房、2001年
鷲田小彌太『山本七平』言視舎、2016年
山本七平、小室直樹『日本教の社会学』講談社、1981年

現代新書、1979年
グレゴリー・クラーク『誤解される日本人』講談社、1990年
中山治『「草食スピリッツ」の日本人』ＰＨＰパブリッシング、2009年
山岸俊男『心でっかちな日本人――集団主義という幻想』日本経済新聞社、2002年
高野陽太郎『「集団主義」という錯覚――日本人論の思い違いとその由来』新曜社、2008年
中山治『戦略思考で勝ち残れ！』ちくま新書、2003年
浜口恵俊『「日本らしさ」の再発見』日本経済新聞社、1977年
三戸公「組織の日本型モデルと欧米型モデル」『日本的集団主義』有斐閣選書、1989年
中根千枝『タテ社会の人間関係――単一社会の理論』講談社現代新書、1967年
山本七平『「空気」の研究』文藝春秋、1977年
青木育志『日本道徳の構造』アジア・ユーラシア総合研究所、2019年
原聡『日本人の価値観』かまくら春秋社、2013年

第５章

石田英一郎『東西抄――日本・西洋・人間』筑摩書房、1965年
ひろさちや『ひろさちやの日本仏教を読む――ビジネスマンのための生き方入門』主婦の友社、1993年
小室直樹『日本人のための宗教原論』徳間書店、2000年
白取春彦説『今知りたい世界四大宗教の常識』講談社、2006年
中山治『「草食スピリッツ」の日本人』ＰＨＰパブリッシング、2009年
本多顕彰『聖書』カッパブックス、1957年
清水馨八郎『日本人が忘れてしまった「日本文明」の真価』祥伝社、1999年
安田喜憲『東西文明の風土』朝倉書店、1999年
田中英道『世界史の中の日本――本当は何がすごいのか』育鵬社、2013年
イザヤ・ベンダサン『日本人とユダヤ人』山本書店、1970年
イザヤ・ベンダサン『日本教について』文藝春秋、1972年

1980 年
田崎清忠『英会話のすすめ（下）』講談社現代新書、1979 年
島崎隆『思想のシビルミニマム』大月書店、1991 年
対日貿易戦略基礎理論編集委員会編『公式日本人論――「菊と刀」貿易戦争篇』弘文堂、1987 年
アンソニー・Ｊ・レゲット「英語圏科学者からの提言」日本物理学会編『科学英語論文のすべて』丸善、1999 年
ローエル（川西瑛子訳）『極東の魂』公論社、1977 年
ロバート・Ｍ・ハッチンズ（田中久子訳）『偉大なる会話――自由への道標』岩波書店、1956 年
エドワード・Ｅ・ホール（岩田慶治、谷泰訳）『文化を超えて』ＴＢＳブリタニカ、1993 年
トマス・インモース（加藤恭子聞き手）『ヨーロッパ心の旅――異文化への道しるべ』原書房、1995 年
神田淳『西洋のこころの研究』東京図書出版会、2002 年
新渡戸稲造『西洋の事情と思想』講談社学術文庫、1984 年、※原著は 1933 年
北岡俊明『ディベートがうまくなる法――議論・説得・交渉に勝つための技術』ＰＨＰ文庫、1997 年
松本道弘『国際感覚派の方法――サラリーマンの〝明日〟をどう拓くか？』主婦と生活社、1979 年
小川和久、佐々木良昭、川瀬勝『脆弱性――日本人は生き残れるか』曜曜社出版、1988 年
松山幸雄『国際対話の時代』朝日新聞社、1985 年
高市早苗『アメリカ大統領の権力のすべて』ＫＫベストセラーズ、1992 年
小塩節『ちょっとイキな国際感覚』講談社、1990 年
天理大学アメリカス学会編『アメリカス学の現在』行路社、2003 年

第４章

グレゴリー・クラーク『日本人――ユニークさの源泉』サイマル出版会、1977 年
グレゴリー・クラーク（竹村健一聞き手）『ユニークな日本人』講談社

信頼されるのか』祥伝社、1997 年
クライン孝子『大計なき国家・日本の末路――日本とドイツ、それぞれの戦後を分けたもの』海竜社、2009 年
クライン孝子『日本人の知らないスパイ活動の全貌』海竜社、2018 年
川口マーン恵美『無邪気な日本人よ、白昼夢から目覚めよ』ワック、2021 年
野口悠紀雄『平成はなぜ失敗したのか』幻冬舎、2019 年

第３章

神川信彦「総説」神川信彦責任編集『歴史を作った名演説』西欧文化への招待⑰、グロリアホームライブラリー、1971 年
マーティン・セイモア＝スミス『世界を変えた１００冊の本』共同通信社、2003 年
松山幸雄『日本診断』朝日新聞社、1981 年
松山幸雄『しっかりせよ、自由主義』朝日新聞社、1982 年
松山幸雄『イメージ・アップ――国際感覚を育てるために』朝日新聞社、1989 年
一本松幹雄『新・開国のすすめ――ドナウから祖国を想う』日本工業新聞社、1980 年
竹村健一『日本の常識、世界の常識』幻冬舎、2005 年
田尾憲男『英国と日本』交通研究社、1975 年
佐藤淑子『イギリスのいい子、日本のいい子――自己主張とがまんの教育学』中公新書、2001 年
金山宣夫『比較文化のおもしろさ――匂いの意味から異文化間交渉術まで』大修館書店、1989 年
国弘正雄『英語志向と日本思考』朝日イブニングニュース社、1979 年
松本道弘『知的対決の方法――討論に勝つためには』産業能率短期大学出版部、1977 年
神野正雄『国際会議屋のつぶやき』日本経済新聞社、1971 年
ピーター・ミルワード『イギリス人と日本人』講談社現代新書、1978 年
松本道弘『ハラ芸の論理』朝日出版社、1975 年
松本道弘『ロジックの時代――国際人の知的武装法』ＰＨＰ研究所、

イザヤ・ベンダサン『日本人とユダヤ人』山本書店、1970年
岩城賢『戦略発想してますか？』ソーテック社、1979年
北岡俊明『戦略能力の時代――なぜ日本人は戦略が下手なのか、苦手なのか』展転社、1991年
中山治『戦略思考で勝ち残れ！』ちくま新書、2003年
渡部昇一『「昭和の大戦」への道』渡部昇一「日本の歴史」⑤明治篇、ワック、2010年
杉之尾宜生『大東亜戦争敗北の本質』ちくま新書、2015年
小室直樹『日本の敗因――歴史は勝つために学ぶ』講談社、2000年
新野哲也は『日本は勝てる戦争になぜ負けたのか』光人社、2007年
大石久和『「国土学」が解き明かす日本の再興――紛争死史観と災害死史観の観点から』海竜社、2021年
松本利秋『なぜ日本は同じ過ちを繰り返すのか――太平洋戦争に学ぶ失敗の本質』ＳＢ新書、2016年
吾郷喜重『海軍と経営――その失敗と成功からの教訓』ビジネス社、1985年
日下公人『闘え、日本人――外交とは「見えない戦争」である』集英社インターナショナル、2005年
日下公人『人間はなぜ戦争をするのか――日本人のための戦争設計学・序説』クレスト、1996年
中山治『戦略思考ができない日本人』ちくま新書、2001年
宮崎正弘「大東亜戦争の敗北の要因」『中国解体――日本人のための脱チャイナ入門』徳間書店、2020年
大石久和『国土が日本人の謎を解く』産経新聞出版、2015年
戸部良一、寺本義也、鎌田伸一、杉之尾孝生、村井友秀、野中郁次郎『失敗の本質――日本軍の組織論的研究』ダイヤモンド社、1984年
松原久子『日本の知恵　ヨーロッパの知恵』三笠書房、1985年
松原久子『和魂の時代――開き直った「杭」は打たれない！』三笠書房、1987年
松原久子『言挙げせよ日本――欧米追従は敗者への道』プレジデント社、2000年
クライン孝子『歯がゆい国・日本――なぜ私たちが冷笑され、ドイツが

引用参考文献

第１章

和辻哲郎『風土』岩波書店、1935 年
荒木博之『日本人の行動様式――他律と集団の論理』講談社現代新書、1973 年
渡部昇一『正義の時代』文藝春秋、1977 年
渡部昇一『日本そして日本人』ノンブック、1980 年
中尾佐助『現代文明ふたつの源流――服葉樹林文化・硬葉樹林文化』朝日選書、1978 年
松本健一『砂の文明・石の文明・泥の文明』PHP 新書、2003 年
杉山徹宗『稲作民外交と遊牧民外交――日本外交が翻弄される理由』講談社＋α新書、2004 年
中山治『戦略思考ができない日本人』ちくま新書、2001 年
日下公人『戦争が嫌いな人のための戦争学』ＰＨＰ研究所、2002 年
川勝平太、安田喜憲『敵を作る文明・和をなす文明』ＰＨＰ研究所、2003 年
安田喜憲『一神教の闇――アニミズムの復権』ちくま新書、2006 年
会田雄次『合理主義』講談社現代新書、1966 年
大石久和『「国土学」が解き明かす日本の再興――紛争死史観と災害死史観の観点から』海竜社、2021 年
ノエル・ペリン（川勝平太訳）『鉄砲を捨てた日本――日本史に学ぶ軍縮』紀伊國屋書店、1984 年、※原著は 1979 年

第２章

馬淵良逸『マクナマラ戦略と経営』ダイヤモンド社、1967 年
孫崎享『日本人のための戦略思考入門――日米同盟を超えて』祥伝社新書、2010 年

著者略歴

青木育志（あおき・いくし）

1947年　大阪に生まれる
1971年　大阪市立大学法学部卒業
1971年　株式会社大丸（現、Ｊ.フロントリテイリング株式会社）入社
1999年　亜細亜証券印刷株式会社（現、株式会社プロネクサス）入社
2009年　同社退社

主　著
『客観主義と主観主義・哲学の根本問題』（青木育志）
『自由主義とは何か』（新風舎）
『弁論術の復興』（青木嵩山堂）
『「新自由主義」をぶっ壊す』（春風社）
『河合栄治郎の社会思想体系』（春風社）
『教養主義者・河合栄治郎』（春風社）
『西洋文明の謎と本質』（青木嵩山堂）
『哲学問題入門』（桜美林大学北東アジア総合研究所）
『明治の総合出版社・青木嵩山堂』（アジア・ユーラシア総合研究所、青木俊造との共著）
『日本道徳の構造』（アジア・ユーラシア総合研究所）
『「主観主義」の哲学』（アジア・ユーラシア総合研究所）

ホームページ　「青木育志の書斎」（http://kyoyoushugi.wordpress.com/）

「敵対型文明」と「温和型文明」

2021年11月30日　初版第１刷発行

著　者　青木　育志
発行者　谷口　誠
発行所　一般財団法人 アジア・ユーラシア総合研究所
〒151-0051　東京都渋谷区千駄ヶ谷1-1-12
Tel・Fax：03-5413-8912
E-mail: ayusoken2021@gmail.com
印刷所　株式会社厚徳社

2021 Printed in Japan
ISBN978-4-909663-38-2